U0047193

賺錢兵法
The Art of Making Money

蔡志忠 著

前言

賺錢不是靠文憑
而是靠智慧

自信是成功的第一祕訣，
自信是英雄主義的本質。

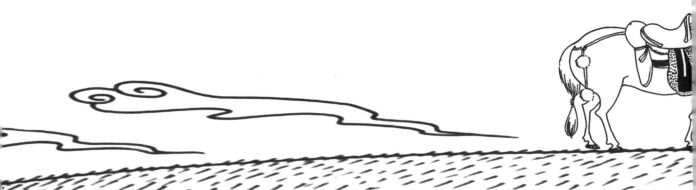

我十五歲從鄉下到台北畫漫畫，鄉下小孩到都市有很大的憂患意識，台北萬家燈火，沒有一盞是自己的燈，沒有一棟是自己的房子，心中很不安穩。

早期台灣農村住三合院，每個小孩只能分得一間房，男人婚後的首要任務便是賺錢蓋自己的大厝，然後帶著妻小搬離祖厝住進新家，才算完成一個男人當有的責任。

父親年輕時，曾到霧峰豪門林家當過學徒，學過如何做生意，婚後自己創業經營碾米廠和樹薯加工廠，幾年後買地蓋好自己的大厝才搬離祖厝。

聽我媽媽說：「搬家那一天，你父親面對新房子哈哈大笑，很高興完成了人生最重要的事。」

要成為都市人不再回鄉下，第一要務就是努力賺錢買房子，我二十幾歲

買了第一棟房子之後才消除危機感。後來買房買上癮，只要口袋有幾萬元就開始看房地產廣告，付訂金簽約後，再努力賺錢支付分期付款，四十歲時，前前後後一共買了十棟房子。

我發現賺錢其實不難，首先要有目標，加上個人賺錢技能和智慧便能累積財富。我應該有能力寫出對大家有益的觀念，幫助大家了解：「什麼是賺錢兵法？」

世界沒有公平這件事

有人生為富三代，有人生於窮鄉僻壤，公平是寫在法院的白紙黑字，不在人間。

世界沒有公平這件事，尋求公平得靠自己來！

老鷹獨坐大樹最高枝頭，閉目養神什麼都沒做，小兔子在樹下問老鷹

說：「老鷹，你怎麼可以天天坐在上面閉目養神，什麼事也沒做呢？」

老鷹說：「誰都可以天天坐著閉目養神，什麼事都不做。」
兔子想：「對啊！沒有誰叫我不能這樣做啊。」
於是兔子便坐在樹頭閉目養神，什麼事也沒做。

這時來了一隻飢餓的狼，看到一隻笨兔子，竟然在樹頭閉目養神地坐著，於是便撲過來把牠吃了。

除非你的位置夠高，你才可以天天坐著閉目養神，什麼事也不做。

老闆總是坐在企業最高樓層，並非什麼事都不做，他閉目養神是在運籌帷幄思考公司的未來。
人人生而不平等，每個人生而不同，你是獨坐枝頭的老鷹？還是處於樹頭最低層的兔子？由你自己決定。

賺錢不是靠家世、文憑,而是靠思維、行動和獨具慧眼。及早賺得人生第一桶金,一切全在於我們自己的個人能力,如果我們不行,別抱怨自己出身低。

兩個舅舅的故事

某天早上,有個年輕人很悲傷地在鎮上走著。

朋友問他:「你怎麼了?」

年輕人說:「我傷心沮喪得很想哭。」

朋友問:「到底是怎麼一回事?」

年輕人說:「兩個星期以前,我的一個舅舅死了,他留給我一百萬。」

朋友說:「你瘋了嗎?你舅舅留一百萬給你,應該是要高興而不是悲傷。」

年輕人說:「是的,的確應該如此,但是上個禮拜,我的另外一個舅舅

過世了，他留兩百萬給我。」

朋友說：「你瘋了？你應該欣喜地唱歌跳舞，你是鎮上最快樂的人，哪有理由悲傷呢？

年輕人說：「這我知道，但我只有兩個舅舅，此後再也沒有舅舅可以留給我遺產了。」

我們大都沒有有錢的舅舅可以留給我們遺產，大多數人也都沒聾沒瞎，肢體健全，想擁有一百萬、兩百萬都得自己想辦法賺，想成為暢銷作家，也得努力開始寫作。

錢只有兩種

魚只有兩種：一種在大海裡，一種在自己的網子裡。

錢也有兩種：「一種在銀行的金庫裡，一種在自己的戶頭裡。」

人與魚之間只有一個網子的距離。

人與錢之間只有銀行金庫與自己銀行戶頭的距離。

雖然錢不是一切，但沒有錢則萬萬不行。

錢人人愛，但如何白手起家在年輕時就賺得財富呢？

什麼是創新又與眾不同的賺錢兵法？我整理的這十個兵法是：

賺錢兵法 1：3+2+1 大於 1+2+3

賺錢兵法 2：學習比文憑重要

賺錢兵法 3：狂熱比毅力重要

賺錢兵法 4：乘法比加法重要

賺錢兵法 5：思考是必要的投資

賺錢兵法 6：觀念決定努力的效果

賺錢兵法 7：「說話」和「聆聽」中有鈔票

賺錢兵法 8：為自己提一盞燈

賺錢兵法 9：及早發現自己的刷子

賺錢兵法 10：時機比什麼都重要

如果你能做到十之八九，錢便會由銀行金庫跑進你的戶頭裡。

我們打開門走出去，
是因為知道自己要去哪裡！

我們開車上高速公路，

是因為去上路之前早已有既定的目的地。

孫子說：「運籌帷幄，決戰於千里之外。」

賺錢不是靠文憑，

而是靠智慧。

賺錢也需要兵法，

行動是為完成既定目標，

行動之前先想清楚：

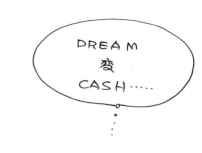

目標是什麼？要往哪裡賺錢？

該怎麼行動？該如何取得成果？

祝大家使用這些賺錢兵法成功！

賺錢
兵法

3+2+1
大於 1+2+3

錢不是要賺得多，而是要賺得早！

我認識很多白手起家的企業家，
五十幾歲時就賺得幾百億財富。

由他們的生活作息看來，
具有這麼多錢其實也不怎麼樣！
但如果一個年輕人二十歲時就賺得一千萬，那便有很大的不同！

因為他會成為師長、同學、媒體和眾人的焦點，所有的機會便會落在他身上。

及早有錢可以令你在該做的時候有能力做，在不應該做的時候有能力不做。

準備好就及早出道

白手起家的富豪，
剛開始多從事最底層的工作。

他們的共性就是：
將平凡的工作幹得很出色。

洛克‧菲勒十六歲開始為一個小商人做會計助理，因工作有條不紊，精細認真，深受老闆賞識。

二十世紀初的上海灘猶太大亨哈同，年輕時在上海沙遜洋行當門衛，因為他表現突出，一年後被升任地產科領班，創造自己的財富。

鑽石大王彼德森十六歲到一家珠寶店當學徒，敲敲打打一絲不苟，僅僅

五個月，其手藝就得到師傅的認可。

股票超人約瑟夫·賀希哈從十四歲到十七歲，伏案畫股票行情圖一畫即三年。

一九四一年十一歲的巴菲特購買了平生第一張股票。他十三歲便開始實業投資，十六歲高中畢業前就擁有自己四十英畝的農場。

一九六四年，年僅三十四歲的巴菲特擁有四百萬美元財富，當時他掌管的資金高達二千二百萬美元。

一九六五年三十五歲的巴菲特收購波克夏哈薩威紡織企業，一九九四年年底已發展為擁有二三〇億美元的波克夏王國，由一家紡織廠變成巴菲特投資金融集團。三十年間股票上漲兩千倍，而標準普爾五百家指數內的股票平均才上漲將近五十倍。

以上這幾位出道很早賺錢致富的成功者還有一個共性，就是工作之餘看書學習。

松下幸之助求職的故事

走得慢，但堅持到底，
才是真正走得快的人。

松下電器創辦人從小家境貧寒，松下幸之助為了養家糊口，他到大阪電燈公司求職。矮小瘦弱、又破又髒的他被人事部門主管謝絕了：「我們現在不缺人，一個月後你再來看看吧。」

一個月後他真的來了，人事主管又推託有事，過幾天再說。隔了幾天他又來了，如此反覆多次。

人事主管只好說：「你這麼髒是進不了我們公司的。」

他立即回去借錢買整齊的衣服，穿上再來。人事主管說：「電器知識，你知道得太少了，我們不能要你。」

不料兩個月後，他再次出現在人事主管面前：「我已經學會了不少電器知識，您看我哪方面還有差距，我一項項彌補。」

人事主管說：「我幹這一行幾十年，從未遇到像你這樣的人。真佩服你的耐心和韌性。」

他的毅力感動了人事主管，松下幸之助終於進入大阪電燈公司當內線見習生。

親自賺錢便不會亂花錢

我小的時候很愛賺錢，三四歲時聽說有人到鄉下收龍眼核，一斤兩毛

錢，便提著小水桶四處撿龍眼核賣錢。

鄉下小工廠收集颱風吹落不能賣錢的龍眼，曬乾後，請人剝成龍眼乾一斤三元工錢，我端著臉盆，天天到小工廠剝龍眼乾，將近一個月賺了十六塊錢。了解賺錢真的很辛苦，便養成終生不亂花錢的好習慣。

我的好朋友宏碁電腦創辦人施振榮與滾石唱片老闆段鍾潭，他們也是年輕時便開始努力賺錢，如今身價都已經十分驚人，但還是跟小時候一樣簡樸，養成勤儉生活是及早賺錢的另一收穫。

錢要賺得早

我二十三歲進入光啟社工作，有位同樣職位的同事比我早一年進光啟社。

第一年月薪三千元，

第二年月薪五千元，

第三年月薪七千元。

三年當中我們兩人跟光啟社領的薪水完全一樣，都是十八萬元，只是他提早一年領到錢，我發現三年下來他存的錢比我還多得多。

因為我薪水三千元時，他領五千元，

我的薪水五千元時，他領七千元，

我的薪水七千元時，他領九千元。

我薪水三千元存款一千元，

他存三千元。

我薪水五千元存款二千元，

他存四千元。

我薪水七千元時存款三千元，

他存五千元。

我們每個月生活費同樣都是二千元，雖然我跟他一樣節儉，花一樣多的
錢，但三年內我存款七萬兩千元，他存款十四萬四千元。

當時我便發現一個真理：

$1+2+3 \neq 1+2+3$。

而是要看哪個時候的$1+2+3$？

所以說：「錢不是要賺得多，而是要賺得早！」

$1+2+3 \neq 3+2+1$

富豪跟兒子說：「我每十年給你一筆錢，現在先給你一千萬，十年後給

二千萬，二十年後再給你三千萬。」

兒子說：「能改為先給我三千萬，十年後給二千萬，二十年後再給我
一千萬嗎？」

「這又有什麼不同？」

「因為1＋2＋3不等於3＋2＋1，二十年後的三千萬不如今年的一千
萬。」
善於做生意的人都知道：「3＋2＋1大於1＋2＋3」。
我二十五歲時，買第一個房子只花三十萬元，二十年後漲了十倍，變成
三百萬元。

1＋2＋3＝3＋2＋1是教科書裡的數學，
3＋2＋1＞1＋2＋3才是人間數學。

我十五歲開始賺錢，房價還很便宜能輕易買房。如果二十五歲才上班，
房價已經漲了將近十倍買不起房。

物價會上漲，錢會貶值。
同樣三千萬，不同時間價值不一樣。

1＋2＋3＝3＋2＋1是教科書裡的數學，
3＋2＋1＞1＋2＋3才是人間數學。

所以說：「錢不是要賺得多，而是要賺得早！」

賺錢
兵法

學習比文憑重要

別想一下就造出大海，
必須先由小河川開始。
——《羊皮卷》

一個窮人到曠野中求見神，神隱身荊棘火焰中。

窮人說：「神啊！我一個月只賺兩個硬幣，應該怎麼辦？」

神說：「你應該用一個硬幣生活，另一個硬幣去繳學費學習。」

「兩個硬幣都快不夠生活了，為何還要拿一半的錢去學習？」

「不這麼做的話，你永遠只能賺兩個硬幣。」神回答說。

學習才能改變自己

孔子說：「性相近，習相遠。」
是學習使我們與眾不同，出類拔萃。

我們通過學習才能改變自己，但學習必須掌握重要要領：「充分了解自己。」

森林裡有一則攸關學習的故事：

智者貓頭鷹教導蚊子、蜈蚣、蛇、風四位學生。

貓頭鷹說：「各位同學，由A到B最短的距離是直線，老師先走一遍給大家看。抬起右腳，跨出去。抬起左腳，跨出去。一、二、一、二，於是便從A走到B了。」

蚊子說：「我雖然有三對腳，抵達目的地最好的方式是用我的翅膀飛過去才快！」

蜈蚣說：「我有五十對腳，無法同時抬起五十隻右腳、五十隻左腳啊！」

蛇說：「我沒有腳，該如何是好？」

風說：「我連形體都沒有，哪來的腳？」

我們知道老師只是提供老師的方法，每個學生要自我發現自己的特長，而非模仿老師的方法，以免像邯鄲學步一樣，沒學會邯鄲步法，反而連自己走路的方法也忘記了。

要用自己的方法達成老師所說的目標，這樣才能青出於藍，更勝於藍。

別相信白紙黑字的真理

小時候常常聽父親對別人說：「報紙亂寫、歷史亂寫、教科書亂寫。」
我不知道父親是不是亂講、胡亂批評，
但另一方面，我也真不知道報紙、歷史、教科書是否真的亂寫。

但從此我看到任何寫在白紙黑字的事物，不會立刻認為是真理，只會說：「我曾經在報紙、歷史、課本上看過有這麼個說法。」

二千五百年前，佛陀對葛拉馬人說：

葛拉馬人啊！
不要因為口耳相傳，就信以為真。
不要因為合乎傳統，就信以為真。
不要因為流行廣遠，就信以為真。
不要因為出自聖典，就信以為真。
不要因為合乎邏輯，就信以為真。
不要因為根據哲理，就信以為真。
不要因為符合常識推理，就信以為真。
不要因為合於自己的見解，就信以為真。

不要因為演說者的威信，就信以為真。

不要因為他是你的導師，就信以為真。

佛陀又說：

「比丘們啊！你們聽別人說法，要將所聽到的像火試驗金一樣地去親自證實，聽到而沒經過自己親自證實就相信的叫作迷信，經過自己證實之後才相信的叫作正信。」

白紙黑字不見得是真理，一切事實必須親自證實才信以為真，這也是我從小便養成獨立思考、獨立判斷、追尋真理的觀念。

規則限制了思想

弟子問智者說：「面臨前方無路、後路斷絕的困境時，該怎麼辦？」

智者說：「可以朝向左右上下四面八方。」

可口可樂培訓部常以蜜蜂和蒼蠅的故事訓練新進員工：

把六隻蜜蜂和六隻蒼蠅放進圓口玻璃瓶，然後擺在窗台，瓶口朝向暗室，瓶底朝向光亮窗口。

結果蜜蜂朝向光明方向找出口，猛撞瓶底直到力竭而死；而蒼蠅會在幾秒鐘內，從另一端瓶口逃出去。

究其原因，蜜蜂被族群教育為出口必在最明亮之處，才會不停重複這合乎邏輯的舉動；而蒼蠅則會四下亂飛到處找機會，先試一下光亮窗口，發現沒路可走，便從反方向飛走。

這故事證明：制式方法無法面對多變的市場，可口可樂公司知道：「過度相信經驗，會走入死胡同。遵循規則，便失去創造力。」

堅持學習

馬克思說：「任何時候我也不會滿足，越是多讀書，就越感到不滿足，越感到自己知識匱乏。科學是奧妙無窮的。」

馬克思一生被各國政府驅逐四次，最後定居英國倫敦時，度過一生中最艱困的十年，經常為經濟問題精神焦慮，他的四個孩子三個死亡。

然而每天大英博物館剛剛一開門，馬克思便如饑似渴地在博物館學習研究，積累淵博知識，直到晚上博物館閉館為止。他在這段艱苦期間，寫出一生最重要的著作──《資本論》（第一卷）。

一九九九年九月，英國廣播公司在全球互聯網公開徵詢「千年第一思想家」投票一個月，全球投票結果，馬克思位居第一名。

二〇〇五年七月，英國廣播公司調查三萬名聽眾「誰是古今最偉大的哲學家」，結果是馬克思以二十七‧九三％得票率榮登第一。

自我學習的典範

人與人之間的差距，
主要在於業餘時間。

成功者充分利用業餘時間，
使自己成為某一方面的專家。

在物理學史上，自學成功最著名的人非英國的法拉第莫屬。他是印刷廠的裝訂學徒出身，利用工作之餘讀剛裝訂好的書，並且努力研究電磁學，終於成為一位偉大的物理學家。愛因斯坦的書房就掛著法拉第的畫像。

法拉第發現電與磁互相感應，是一體的兩面。

英國女王問他：「你的這個發現有什麼用處？」

他回答道：「女王陛下，將來你可以靠我的發現，抽到很多的稅。」

現在這句話已經完全應驗，我們很清楚：沒有電磁學就沒電燈，世界便亮不起來，也不會有今日的電腦資訊時代。

堅持研發

金錢是智慧的尺度，

智慧融入金錢，才是活的智慧。
金錢融入智慧，才是活的金錢。

日本本田汽車創始人本田宗一郎，是靜岡縣打鐵匠的長子，他出身窮苦家庭，自幼便對機械有特殊偏好。十六歲高小畢業後，不顧父親堅決反對，到東京汽車修理廠當學徒。

結束六年學徒生涯後，回到家鄉，在濱松市開設了一家汽車修理廠，目光遠大的本田宗一郎在修車店生意興旺之時，關閉修理廠，準備從事製造業。

後來設立「本田技術研究所」，三十一歲時，他進入濱松高等工業機械科學習金屬學；本田宗一郎堅持研發性能最好的引擎。

二戰結束後本田宗一郎研製出新型「機器腳踏車」，廣受市場歡迎。摩托車獲得成功後，不惜一切金錢投入汽車開發，結果獲得更大的成功。一九八〇年，本田宗一郎榮獲美國機械工程師學會頒發的荷利獎，成為繼「汽車大王」亨利・福特之後，第二位獲此獎項的人物；一九八九

年，成為首位進入美國汽車名人堂的日本人。

永不氣餒

智慧是神的影子，
聰明人不會到馬路拾金子。

別人不敢去的地方，
才能找到最美的鑽石。

松下電器創始人松下幸之助，只上過四年小學，由於父親經商失敗，休
學到大阪當學徒，開始做自行車生意，對電器很感興趣。

一九一八年，松下二十三歲時在大阪建立「松下電氣器具製作所」，帶
領員工一同努力、創新，連續推出了先進的配線器具、炮彈形電池燈、

電熨斗、無故障收音機、電子管、真空管等成功產品，七年後，松下幸之助成為日本收入最高的人。松下電器在他帶領之下逐漸壯大，後來松下幸之助也被譽為「經營之神」。

掌握商場兩個要素

猶太法典《塔木德》說：「賺錢靠智慧，不是靠文憑。」

我有一位很有錢的朋友，他是十八家上市公司的第二大股東。

朋友說：「投資留學歸來的海龜派，很少讓我賺到錢，賺最多錢的公司老闆大都是只有小學畢業的土鱉派。」

他說了一個土鱉派創業的精采故事：

有一戶農家四兄弟，改革開放時，大哥對弟弟們說：「我們繼續在鄉下種田，也會跟過去的祖先一樣，賺不了什麼錢。不如我們把田地賣了，搬到都市改行做生意。」

三位弟弟同意了，當時正流行牛仔褲，他們選擇做牛仔褲生意，由於自己沒知名度，只能掌握一個要素：「牛仔褲品質比別人好，價格比別人低廉。」

把商品批發到大型工廠福利社賣給女工，生意做得不錯，有一天大哥跟經營胸罩的商人聚餐，發現胸罩布料比牛仔褲少，價格比牛仔褲還要高。

大哥學會第二個要素：「商品的材料要少，價格要高。」

於是改行做胸罩，果然布料越少的性感胸罩，價格確實比較高。他還是

把商品批發到大型工廠福利社賣給女工，生意做得更好。

他跟別的商人聚餐時，又發現衛生棉的材料比胸罩還少，又是女性經常性的使用品，於是又改行做衛生棉的生意。

由於他已經掌握經商的兩個要素：「商品的品質比別人好，價格比別人低廉。材料要少，價格要高。」

他猛然想到衛生棉條材料最少，價格最高，於是到日本學習生產技術，買機器回來生產中國首創的新產品──衛生棉條。

後來四兄弟專門做餐桌紙、面紙、衛生紙等紙製品，因為紙製品比牛仔褲、胸罩材料要少。他們掌握經商的兩個要素，成為很賺錢的上市公司。

四兄弟的故事印證了一個事實：「自我學習比文憑重要。」
沒有實力支撐的文憑只是一張廢紙，學習是為了練就個人實力，而不是
為了那張證明書。

成功者總是終生學習，無論在校求學時或自己看書，四兄弟就是掌握商
場上邊戰邊學的創業成功案例。

3

賺錢
兵法

狂熱比毅力重要

命運不寫在臉上、
命運不寫在掌上、
命運不寫在痣上、
命運不寫在星相上，
命運寫在每個人的心上，
掌握於心中那股意志！
每個人應熱愛自己的工作，
走自己的路，主掌自己的命運。

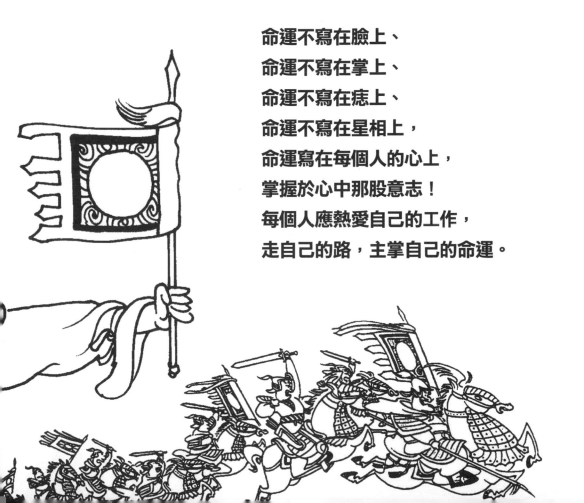

有夢想、有耐心，才能釣到大魚。

一個炎熱午後，一群鐵路工人在鐵路路基工作，這時一列火車緩緩開來打斷他們的工作。火車停下來，最後一節車廂窗戶打開了，傳來低沉友好的聲音：「大衛，是你嗎？」

工頭大衛回答說：「是我，吉姆！見到你真高興。」

於是大衛和鐵路總裁吉姆墨・菲愉快交談，兩人熱情地握手道別。

大衛的下屬興奮地問：「你是鐵路總裁墨菲的朋友？」

大衛說：「二十多年前，我和吉姆・墨菲同一天開始為這條鐵路工作。」

工人問：「為何現在你只當工頭，吉姆・墨菲卻成了總裁？」

大衛說：「二十三年前我為一小時一‧七五美元的薪水工作，吉姆‧墨菲卻是為這條鐵路而工作。」

根據問卷調查，八十％的總經理級CEO承認，並不是特殊才能使他們達到目前的地位，而是因為工作態度。點燃態度的火種，是「目標」與「熱情」。

用時間換取金錢，永遠成不了富豪，
要有遠大的目標，才有巨大的收穫。
要為理想夢想工作，不要為生活工作。

換領導＝更新企業的大腦

只要你活著，尋找對自己最有利的角度，智慧就永遠跟著你。

稻盛和夫二十七歲時創辦京都陶瓷株式會社，五十二歲時創辦僅次於NTT的第二大通訊公司KDDI，這兩家公司都進入世界五百強。

日本航空公司是世界第三大航空公司，更是日本的翅膀。二〇〇九年，日本航空公司負債一兆五二三五億日圓宣告破產。

二〇一〇年一月十三日，稻盛和夫以零薪水出任破產重建的日本航空公司董事長，他實施一系列重建計畫，第二年，公司奇蹟似的轉虧為盈，純利高達一八六六億日圓。

日航縮編重建，規模縮小到原來的三分之二，銷售額縮小到前一年的四分之三，然而卻取得了日航歷史上空前的高額利潤。日航乘客數量低於日本另一家航空公司「全日空」，但利潤卻是「全日空」的三倍，這個奇蹟令人不可思議。

僅僅一年時間，日航做到了三個第一：

利潤世界第一，準點率世界第一，服務水準世界第一。就算稻盛和夫離開日航，日航也能繼續發展。

稻盛和夫接手日本航空兩年半後，二〇一二年九月，日本航空公司在東京證券交易所再次上市，對外宣告：「我回來了！」

稻盛和夫也因此和索尼創始人盛田昭夫、本田創始人本田宗一郎、松下創始人松下幸之助一起被譽為「經營四聖」。

只因為換了一個領導人，一年時間便將一個破產企業變身為全球獲利第一。換領導＝更新企業的大腦，由此可見正確的思維有多麼重要。

熱愛工作能激起成就感

稻盛和夫曾把經營成功之道概括為「現場有神靈」和「答案永遠在現場」。

他堅信一個公司無論規模大小，只要建立員工心有所屬的平台，就能激發員工的工作熱情，公司便能持續有競爭力。

稻盛和夫說：「熱愛是點燃工作激情的火把，無論什麼工作，只要全力以赴去做，就能產生很大的成就感和自信心，會產生向下一個目標挑戰的積極性。成功者大都是沉醉於工作的人。」

在一片漆黑中上山爬階梯，看不到未來，也看不到過去，沒有前後標的，很快就會累得爬不動了。

如果能看到自己已經爬了幾千階階梯，成就感便油然而生，會產生再往上爬的動力。

如果能看到過去還能看到未來終點，更能激發快速抵達目標的信心，奮力向前。

自我激勵對工作的熱情，是朝向成功的起步，由過去積累的成就會激起我們的成就感與自信心。

賺錢
兵法

4

乘法比加法重要

即使一張一美元鈔票，
猶太人也能賣二美元，
甚至十美元。
如果你有一元錢，
卻不能做成十元
甚至一百元的生意，
你永遠成不了真正的企業家。

巴菲特說：「哲學家們告訴我們，做我們所喜歡的，然後成功就會隨之而來。」

人生其實很簡單，在人生中賺取財富也不難，只要能掌握以下三個步驟，便能無往不利：

一：首先要選擇自己最拿手、最喜歡的事物，然後把它做到極致。如能達到這樣，無論我們做什麼，沒有不成功的啦！

二：當我們做出來的效率比自己所期待的還快，就會更快。效果比自己所期待的還好，就會更好。如此一來便能越做越快，越做越好。

三：於是所完成的東西便能達到：成本最低、效率最高、品質最好。如能達到以上三點，無論我們從事哪一行，同行中，再也找不到競爭者了。
挑戰自己，每一次你做一件事，盡你所能做得比你自己上一次的表現更

好、更快，你就會傲視同儕。

而在這個過程裡，我發現如果能加上乘法比加法重要的觀念，更能如虎添翼！

我三十歲時和香港胡樹儒先生共同投資拍《七彩卡通老夫子》動畫電影，胡先生在香港經營商業廣告影片製作，合作期間他教我一個很棒的觀念「乘法哲學」。

胡先生說：「接一部廣告片，花一段時間拍好，賺一些錢。然後一切重來，再接一部廣告片，再花一段時間拍好，再賺一些錢。拍廣告片是用時間去換些錢，這是加法，1+1+1+1+1⋯⋯」

「做生意就是這樣啊，又能怎麼樣？」

「拍電影是乘法，一部受歡迎的電影可以賣香港、台灣、星馬、韓國版權，甚至可以發行全世界，這便是乘法，1×5或乘以更多更多。」

「哇！這個理論不錯。」

胡先生說：「人的一生很短，加法總是太慢，成就也很有限，所以應該做乘法。」

我把這套理論稱之為《乘法哲學》，這個觀念也深植我心，所以後來畫漫畫莊子說時，便決定畫整套二十二本的《漫畫諸子百家思想》，並在第一時間推廣到全世界，這便是1×22×45＝990的乘法哲學。

2的64次方減一

傳說，印度宰相西薩班達依爾發明64格棋子，舍罕王打算重賞他。

國王說：「你可以任意要求賞賜。」

這位聰明的大臣胃口看來並不大，他跪著說：「陛下，請您在棋盤第一格賞我一粒稻米，第二格兩粒，第三格四粒，按照這樣的比例，擺滿棋盤上64格稻米，賞給我這些稻米吧。」

舍罕王國王聽了笑道：「你要求太少了，可以要求多一點賞賜。」

西薩班達依爾說：「謝謝大王，我要求的賞賜夠多了。」

國王認為這賞金微不足道，於是便令人把一袋稻米拿到寶座前，按宰相的方法，還沒放到20格，一袋麥子就用完了．一袋又一袋稻米扛到國王面前．結果發現依這方法擺下去，擺到第64格，全印度的糧食也兌現不了國王許下的諾言，因為依宰相的要求擺滿棋盤64格需要18446744073709551615顆稻米，總數等於2的64次方減一。

宰相所要求的稻米，竟是全世界二千年內所生產的全部稻米，舍罕王當然無法兌現自己的諾言。

這個故事說明2的64次方的數目有多驚人。人生苦短，在短暫人生中以加法累積成就很有限，察覺任何商機時，心中要有乘法或次方的觀念成果才會豐實。

例如千萬別小看口耳相傳的威力，1傳3、3傳9、9傳27，傳了20次後總數便超過世界一半人口。

財富也能從一枚古錢幣起家

別小看一枚古錢幣，羅斯柴爾德國際金融王國便是從一枚古錢幣開始起家。

梅耶·羅斯柴爾德出生於貧窮住宅區。他僅花了幾年時間，便建立世界

上最大的金融王國。時至今日，世界的主要黃金市場也是由羅斯柴爾德家族所控制。

梅耶‧羅斯柴爾德十歲時，父親便教他做生意的方法。他跟父親學到賺錢技巧，也培養對古錢幣和其他古董的興趣。收集中東、俄國及歐洲古錢幣，加以整理出售。

二十歲時，梅耶向一位將軍兜售，把古錢幣統統拿出來給將軍和他的朋友們觀賞，侃侃而談每一枚錢幣的來歷，博古通今的知識和幽默風趣的談吐，吸引了所有的人。
他把稀罕奇珍的古幣編成目錄，以郵購方式向各地皇親貴族推銷，逐漸提高了知名度，生意也漸入佳境。

二十五歲那年，梅耶獲得「宮廷御用商人」的頭銜，也得到了比海姆公爵部分資產處理權。梅耶誠懇踏實地努力，最終取得公爵信任。

四十五歲時，法國大革命，比海姆公爵是歐洲最大的金融家，大規模從事軍火買賣，並把他龐大資金借給缺少軍費的君主、貴族賺取高額利息。梅耶也為自己賺取暴利，他的家族在十九世紀以來一百多年之中，積累了四億英鎊財產。

梅耶有五個兒子，成年後每一位都成為金融奇才，分別在歐洲各國建立羅斯柴爾德國際金融王國，兩百多年來，羅斯柴爾德家族始終保持源源不絕的創造力和強大的凝聚力。

沒有數量，就沒有經濟規模。從一個古錢幣開始聚沙成塔滾雪球，成為世界首屈一指的大富翁，這便是梅耶‧羅斯柴爾德賺錢的乘法哲學。

羅斯柴爾德家族累積財富後，便開始投資藝術，大量收藏早期繪畫大師的藝術品。

梅耶一八四五年購買義大利的雕像時曾經說：「我們應該買最好的東

西，不要在意價格，因為最好的東西只會增值。」

羅斯柴爾德家族將重心轉戰美國後，發生了一個悲劇，他把財富留給兒

子拉斐爾，拉斐爾繼承遺產兩年後，因吸毒過量死於紐約人行道上的事

件，引發美國富豪們不把財富留給子女的風潮。

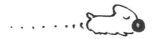

賺錢
兵法

思考是必要的投資

腦指揮手，猶如上司指揮下層。

動腦思考是樂事，

動手則是苦工作，

但最慘的要數跑腿。

有個人到寵物店買鳥，他選了一隻色彩美麗又會唱歌的天堂鳥，老闆要價五千元，客人覺得貴了些，另選一隻顏色差一點的鸚鵡。

老闆說：「這隻要一萬元。」

客人問：「這隻不如剛才那隻，為何更貴？」

老闆說：「這隻會講五種語言。」

客人又選了一隻最不起眼的灰色鳥。

老闆說：「這隻要五萬。」

客人說：「難道這隻會講二十國語言？」
老闆說：「這隻不但不會唱歌，也不會說任何語言。」

客人說：「既然如此，為何這麼貴？」

老闆說：「因為牠會思考。」

思考為一切之先

思考先於行動，就像手腳身體是聽命大腦的指揮而行。但該在什麼時候思考呢？思考先於一切之前！就像老虎伍茲在二歲前，就像比爾‧蓋茲在剛上哈佛大一時的思考。

豺狼是會思考的兔子蛻變的！

比爾‧蓋茲是會思考的哈佛大一學生蛻變的，因為比爾‧蓋茲知道：「及早創辦微軟比哈佛畢業證書重要。」
賈伯斯是通過甄選、沒到大學註冊的大一學生所蛻變的，因為賈伯斯知

道：「及早創辦蘋果公司比大學文憑重要。」

不論你是誰，不論年紀大小，教育程度高低，通過思考和行動，每個人都能夠招徠財富走出貧窮。

動腦贏過跑腿

當初劉備帶著關公張飛三顧茅廬，到臥龍崗三訪諸葛亮，劉備的誠意通過考驗，諸葛亮答應他的邀請，成為蜀漢的軍師中郎將，關羽、張飛大感不悅。

張飛問諸葛亮說：「我們出生入死一起打天下多年才有今天這局面，為何你一上任職位就比我們大？」
諸葛亮說：「因為動腦重於幫手！」
張飛說：「當幫手，地位就最低嗎？」

諸葛亮說：「不不！幫手已經算不錯啦，地位最低的是趙子龍，他負責跑腿。」

腦指揮手，猶如上司指揮下層。

動腦思考是樂事，動手則是苦工作，但最慘的要數跑腿。

動腦比動手獲利高

唐朝詩人柳宗元寫過一篇〈梓人傳〉（原文附在82頁的Box裡）：

裴封叔的家宅在光德里。有位木匠敲他的門，希望租一間空屋子居住，以替屋主人服役代替房租，他執掌度量長短，規劃方圓和校正曲直；家裡不儲備磨礪和砍削器具。

問他：「你有什麼能耐？」

他說：「我善於計算，測量木材。觀看房屋式樣，高深，圓方，短長；我指揮工匠去幹。沒有我便建不成房子。我的俸祿比別人多三倍；為民間幹活，我取一大半報酬。」

有一天，我去他的住屋。他的床缺腿也不修理，他說：「請別的工匠來修理。」

我笑他說：「你是個沒才能卻貪圖俸祿、喜愛錢財的人。」

後來，京兆尹要修繕官衙，我去觀看，現場蓄積大量木材，召集很多工匠，眾人拿斧斤刀鋸朝著木匠圍成一圈。

木匠左手拿尺，右手執杖，站在中間。他衡量房屋承擔情況，察看木料性能，揮動木杖說：「用斧子砍！」拿斧子的跑到右邊砍；他回頭指著木材說：「用鋸子鋸！」拿鋸的就跑到左邊鋸，工人無人敢自作主張。

他在牆上繪官署房子圖樣，一尺大小圖樣細緻畫出建築構造，依圖上微小尺寸建造高樓大廈，沒有一點誤差。建成後，在棟上寫道：某年某月某日某某修建，原來是他的姓名。我圍繞著一看，感到非常驚訝，然後我才知道他技術的精湛和偉大！」我所遇到的這位木匠師傅，他的姓名是楊潛。

梓人楊潛放棄自己的手藝，使用思想智慧運籌帷幄，有如軍師宰相能綜觀全局。

智者腦中有完整圖形，他胸有成竹指揮若定，讓工匠逐一完成所有的事情。

智慧才是無價的財富

每個猶太媽媽都會問她的孩子說：「如果有一天你的房子被燒了，你的

財產就要被人搶光，那麼你將帶著什麼東西逃命？」

「食物、衣服。」
「機票、鈔票。」
「珠寶、鑽石。」

她們會進一步問：「有一種沒有形狀、沒有顏色、沒有氣味的寶貝，你知道是什麼嗎？」

要是孩子們回答不出來，母親就會說：「孩子，你要帶走的不是錢，也不是鑽石而是智慧。智慧是船沉了還存在的東西，任誰都搶不走智慧，只要你活著，智慧便永遠跟著你。」

隨時看到商機

白手起家的富豪，
跟我們最大的不同是：
他們能從平凡的生活周遭看到商機。

泰國正大集團創辦人謝易初、謝少飛兩兄弟年輕時到馬來西亞做生意，有一天在下楊飯店附近的路邊攤買木瓜，木瓜攤老闆切開木瓜，挖出木瓜子棄置攤位旁邊，滿地黏黏一堆木瓜子，引來幾百隻蒼蠅飛舞，搞得路邊又髒又不衛生。

回飯店房間吃木瓜，發現木瓜甜美多汁又有獨特香味，是全世界最好吃的木瓜。

謝易初有生意頭腦，立刻看到商機，馬上下樓給飯店門口小弟一筆錢：

「你去買個大木桶給木瓜攤老闆，請他把挖下來的木瓜子放進木桶裡面。」

小弟說：「然後呢？」

謝易初說：「你再將木瓜子拿回家洗乾淨曬乾，打包寄到泰國，我付你錢。」

於是一包包木瓜子便從馬來西亞寄到泰國曼谷，謝易初分裝木瓜子，兩粒一包，加上廣告：「全世界最好吃的木瓜」，果然賣得很好。一九二一年，兩兄弟創辦正大集團，便從「兩粒一包木瓜子」起家，農作物種子的銷售，逐步發展成種子改良、種植業、飼料業、養殖業、農牧產品加工、食品銷售、進出口貿易等現代農牧產業鏈，成為現代農牧業產業化的經營典範。

借別人的鞋子比赤腳走得快

自從一八九八年奧運會創始以來，任何奧運舉辦國都虧損累累。

一九七二年，德國慕尼黑舉辦第二十屆奧運會，欠下的債務久久無法還清。

一九七六年，加拿大蒙特婁舉辦第二十一屆奧運會，虧損十億美元。

一九八〇年，蘇聯莫斯科舉辦第二十二屆奧運會，共花了九十多億美元，虧損更是空前。

奧運會變成一個沉重包袱，無論是誰舉辦奧運，便會背負巨大債務。

洛杉磯市申請主辦一九八四年第二十三屆奧運，聲稱將不以任何名義徵稅來舉辦奧運會。

美國第一旅遊公司副董事長尤伯‧羅斯擔任第二十三屆洛杉磯奧運會組

委會主席時，為奧運會盈利一億五千萬美元，全靠他非凡的「借術」而成功。

尤伯‧羅斯說：「我們不要政府提供任何財政資助。」
政府不掏一分錢的洛杉磯奧運會，將是有史以來財政上最成功的一次。
沒有資金怎麼辦？借東風。

尤伯‧羅斯很清楚美國很多企業想利用奧運會，擴大企業知名度，他決定把企業贊助作為經費的重要來源。親自參加每一項贊助合同談判，贊助者不得在比賽場內、包括空中做商業廣告，贊助的數量不得低於五百萬美元。

洛杉磯奧運會贊助單位只接受三十家，每一行業選擇一家，贊助者可取得本屆奧運會某項商品的專賣權。各大公司拚命抬高贊助額的報價，籌得三‧八五億美元，是傳統作法的幾百倍。

最大一筆交易是出售電視獨家轉播權。尤伯‧羅斯巧妙地挑起美國三大電視網的競爭，將轉播權以二‧八億美元高價出售給美國廣播公司，獲得本屆奧運會總收入三分之一以上的經費。

把奧運會廣播權以七千萬美元，分別賣給了美國、歐洲和澳大利亞。尤伯‧羅斯成功地「借」來三四萬名志願者，代價是一份廉價速食加幾張免費門票。

奧運會開幕前，要從希臘的奧林匹亞村把火炬點燃，空運到紐約，奧運聖火全程十五萬公里，繞行美國三十二州，四十一個大城市和一千個鄉鎮，通過接力傳到洛杉磯。在開幕式上點燃火炬。

尤伯‧羅斯把這種榮譽用來招商：「誰繳納三千美金，便能舉火炬跑一公里。」

人們蜂擁著排隊去交錢，舉聖火這項又籌集了四千五百萬美元。並提前一年預售門票，獲得豐厚利息。

由於尤伯‧羅斯的成功經營，洛杉磯奧運會總收入為六‧一九億美元，總支出為四‧六九億美元，淨盈利為一‧五億美元，財報公布後，轟動全世界。

洛杉磯奧運會二十年後，二〇〇四年希臘舉辦第二十七屆奧運，虧損超過一百億歐元，超出先前四十六億歐元預算的兩倍以上，希臘人為了奧運會要背負十年債務。

沒有尤伯‧羅斯這種能綜觀大局、運籌帷幄的人負責規劃，此後奧運主辦國舉辦奧運時還是虧損累累。

一項穩賠不賺的生意，由智者經手運籌帷幄，巧手一揮，便能起死回生

轉虧為盈。尤伯‧羅斯的一顆小小腦袋瓜，贏過過去主辦奧運國一大票政府財政官員。

Levi's牛仔褲

一百多年前，李維‧史特勞斯帶著商品和帆布，從德國搭船到美國舊金山經商。在船上除了帆布之外，其他貨物都銷售一空。

下船後，李維帶著還沒賣掉的帆布想賣給淘金礦工做帳篷。
一位礦工跟他抱怨說：「我們需要的不是帳篷，而是挖金時經磨耐穿的褲子。」
李維頭腦靈光，便和那位礦工到裁縫店，用帆布替他做了一條褲子，這就是世界上第一條工裝褲，也就是今天時髦的 Levi's牛仔褲鼻祖。

用帆布製作的牛仔褲確實耐磨又耐穿，大量訂貨源源不斷而來。

礦工需要耐磨的褲子，李維手上只有做帳篷的帆布，如果他的頭腦不靈光，只會抱怨自己帶錯了商品，便失去這次絕佳的賺錢機會，也不會創造世界品牌Levi's牛仔褲，引領時尚流行。

敏銳的眼光

一九〇〇年初，「新秀麗」（Samsonite）創始者史韋達（Jesse Shwayder）跟隨父親從東歐移居到美國。他父親在紐約開了一家雜貨店，但經營不善。於是搬到芝加哥從事別的買賣，但又失敗。

最後在科羅拉多州迪邦市開了一家蔬菜店，沒賺到錢，還欠了一屁股債。
十四歲的史韋達看著面容憔悴的父親，要求說：「爸爸，讓我來經營吧。」
父親說：「好吧。」

迪邦市是有名的療養勝地，客人絡繹不絕。從蔬菜店門口就能看到客人拎著手提箱，從停車場走向療養地。

史韋達發現，回程客人手提箱的把手多半都壞了，只用一根繩子綁著。他便把蔬菜店改為皮包店，由於商店緊臨停車場，因而賣出了很多皮包。很快地，全國的皮包製造商爭相向史韋達的皮包店供貨。

僅僅兩年時間，史韋達皮包店銷量全美第一，店鋪規模越來越大。裡面有紐約最新潮和由名家設計的皮包。很快的，他的皮包店越來越有名。

有一次，大生產商們決定在紐約宴請史韋達。在史韋達到達的那一天，各個公司的代表或總經理都來到紐約鐵路車站迎接，大家看到從列車上下來的史韋達，都大吃一驚。史韋達商會總經理，竟然是一位十六歲少年！

後來史韋達決定自己製造皮包，打造自己的品牌。他所製作的皮包很堅

固，即使遭受碰撞也不會破損。「新秀麗」的經商法則是：正視現實，合理判斷，最後靠個人努力取得成功。

改變思維方式，會改變一個人的心智，人生和事業就會有一百八十度大轉彎；有能力，有熱情，但是思維方式錯誤，就會得到相反結果。

靠創意發財

不要低估思考的價值，
即使躺在床上也能思考！

即使你躺在醫院的病床上，
研究、思考、規劃也能致富。

喬治・哈姆雷特躺在退伍軍人醫院的病床療養，他的時間很多，但是除了讀書和思考之外，能做的事情並不多。但他並沒有閒著，利用這段時

間，整天思考怎麼賺錢？

他知道洗衣店會在燙好的衣領加一張硬紙板，以防止衣領變形。得知硬紙板每千張美金四元，他想在硬紙板加印廣告，以每千張美金一元的低價賣給洗衣店，再跟廣告商抽取廣告利潤。

喬治出院後，每天研究、思考、規劃。廣告推出後，發現客戶一取回襯衫，便會丟棄衣領的紙板。

他問自己：「如何讓客戶保留這些紙板和上面的廣告？」

答案閃過他的腦際！他在紙卡正面印上廣告，背面則加進孩子的著色遊戲、主婦的美味食譜，或全家一起玩的遊戲。

結果大受歡迎，主婦們為了搜集喬治的食譜，竟然把還可以再穿一天的襯衫送洗！

喬治並未以此自滿，他把每千張美金一元的紙板寄給美國洗衣工會，工會便推薦所有的會員採用他的紙板。因此喬治有了另外一項重要的發現，給別人你所喜歡及美好的事物，你會得到更多！

辦法總比困難多，凡事都有解決的竅門。

只要勤於學習經常思考，便能充滿智慧。
創新思考為喬治帶來財富，他認為獨處一段時間思考規劃，是賺錢必要的投資。

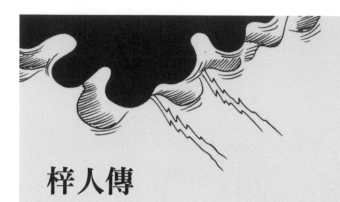

梓人傳

唐／柳宗元

裴封叔之第，在光德里。有梓人款其門，願傭隙宇而處焉。所職，尋、引、規、矩、繩、墨，家不居礱斫之器。問其能，曰：「吾善度材，視棟宇之制，高深圓方短長之宜，吾指使而羣工役焉。舍我，眾莫能就一宇。故食於官府，吾受祿三倍；作於私家，吾收其直太半焉。」他日，入其室，其牀闕足而不能理，曰：「將求他工。」余甚笑之，謂其無能而貪祿嗜貨者。

其後京兆尹將飾官署，餘往過焉。委羣材，會羣工，或執斧斤，或執刀鋸，皆環立。向之梓人左持引，右執杖，而中處焉。量棟宇之任，視木之能舉，揮其杖，曰「斧！」彼執斧者奔而右；顧而指曰：「鋸！」彼執鋸

者趨而左。俄而，斤者斫，刀者削，皆視其色，俟其言，莫敢自斷者。其不勝任者，怒而退之，亦莫敢慍焉。畫宮於堵，盈尺而曲盡其制，計其毫釐而構大廈，無進退焉。既成，書於上棟曰：「某年、某月、某日、某建」。則其姓字也。凡執用之工不在列。餘圜視大駭，然後知其術之工大矣。

繼而嘆曰：彼將舍其手藝，專其心智，而能知體要者歟！吾聞勞心者役人，勞力者役於人。彼其勞心者歟！能者用而智者謀，彼其智者歟！是足為佐天子，相天下法矣。物莫近乎此也。彼為天下者本於人。其執役者為徒隸，為鄉師、里胥；其上為下士；又其上為中士，為上士；又其上為大夫，為卿，為公。離而為六職，判而為百役。外薄四海，有方伯、連率。郡有守，邑有宰，皆有佐政；其下有胥吏，又其下皆有嗇夫、版尹以就役焉，猶眾工之各有執伎以食力也。

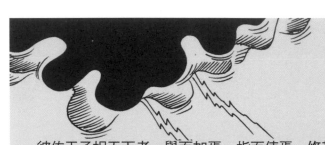

彼佐天子相天下者，舉而加焉，指而使焉，條其綱紀而盈縮焉，齊其法制而整頓焉；猶梓人之有規、矩、繩、墨以定製也。擇天下之士，使稱其職；居天下之人，使安其業。視都知野，視野知國，視國知天下，其遠邇細大，可手據其圖而究焉，猶梓人畫宮於堵，而績於成也。能者進而由之，使無所德；不能者退而休之，亦莫敢慍。不炫能，不矜名，不親小勞，不侵眾官，日與天下之英才，討論其大經，猶梓人之善運眾工而不伐藝也。夫然後相道得而萬國理矣。

相道既得，萬國既理，天下舉首而望曰：「吾相之功也！」後之人循跡而慕曰：「彼相之才也！」士或談殷、周之理者，曰：「伊、傅、周、召。」其百執事之勤勞，而不得紀焉；猶梓人自名其功，而執用者不列也。大哉相乎！通是道者，所謂相而已矣。其不知體要者反此；以恪勤為公，以簿書為尊，炫能矜名，親小勞，侵眾官，竊取六職、百役之事，聽

聽於府庭，而遺其大者遠者焉，所謂不通是道者也。猶梓人而不知繩墨之曲直，規矩之方圓，尋引之短長，姑奪眾工之斧斤刀鋸以佐其藝，又不能備其工，以至敗績，用而無所成也，不亦謬歟！

或曰：「彼主為室者，儻或發其私智，牽制梓人之慮，奪其世守，而道謀是用。雖不能成功，豈其罪耶？亦在任之而已！」

余曰：「不然！夫繩墨誠陳，規矩誠設，高者不可抑而下也，狹者不可張而廣也。由我則固，不由我則圮。彼將樂去固而就圮也，則卷其術，默其智，悠爾而去。不屈吾道，是誠良梓人耳！其或嗜其貨利，忍而不能捨也，喪其制量，屈而不能守也，棟橈屋壞，則曰：『非我罪也』！可乎哉？可乎哉？」

余謂梓人之道類於相，故書而藏之。梓人，蓋古之審曲面勢者，今謂之「都料匠」云。余所遇者，楊氏，潛其名。

賺錢
兵法

觀念決定努力的效果

頭腦是你最有用的資產，

獨特眼光比知識更重要。

改變一個人最有效的方法

莫過於改變觀念。

努力毅力只是一時，

觀念改變才是一生一世。

從前有一百隻兔子，生活於一片綠油油的草原上，每隻兔子都吃得很肥。

但是兔子越繁殖越多，由一百隻變成一萬隻，草都被啃光了，天天跟別的兔子競爭，就算不睡覺拚命吃也吃不飽。

有一隻聰明的兔子開始思考：「或許我應該改變飲食習慣，別再吃草，而改吃兔子。」

於是他便將九九九九個競爭者，變成九九九九個攝食對象，吃了幾個月兔子之後，這隻聰明的兔子就變成專吃兔子的豺狼。

兔子與豺狼

一味努力是沒有用的，
而是要想出解決問題的方法。

豺狼是會思考的兔子變成的。

豺狼專門吃兔子，兔子是給豺狼吃的。

是豺狼還是兔子？取決於觀念改變。

觀念決定命運，

兔子吃草，狼吃兔子。

誰是狼？誰是兔子？由自己決定。

面對現實情況改變，只會一味自我要求加倍努力是沒有用的，唯有通過思考，改變觀念，才能從競爭劇烈的紅海轉為吃香喝辣的藍海。

沒有效益的努力是沒有用的

從小常聽父母師長跟我們說：「努力，努力，努力就會有成就。」

其實這只是一句善意的謊言，如果一味努力便會有成就，那麼大多數人豈不是都抵達顛峰了？

努力只比不努力好一點而已，任何人無論做什麼，一開始沒有不努力的啦！為何後來不繼續努力了呢？因為只憑努力沒有得到預期的收穫。

人生像走階梯，每階有每階的難點，學英文、日文、數學、物理各有不同難點，追女朋友與創業的難點也不一樣。沒有克服難點，再怎麼努力，也只是在原地踏步而已，沒有進展。

努力不等於效率，努力之前要先思考，要有方法，才能抵達目的地。

大家都誤以為改變觀念很簡單，其實像狗吃大便一樣難。像讓一個覺得臭豆腐很臭、皮蛋很可怕的老外吃臭豆腐、皮蛋一樣難。

一九八〇年第一次到香港，花了五十元港幣在灣仔路邊水果攤買了一顆泰國榴槤，打開後發現色香味都像大便，嚇得我趕緊把它拿到外面丟進垃圾桶。

兩年後我到馬來西亞，鼓起勇氣再試一次，覺得榴槤非常美味，還愛上了吃榴槤。

榴槤還是榴槤，是大便？還是天下第一美味？
差別只在於觀念改變。

兩種觀點

春秋戰國時，有一個宋國人，帶著帽子和衣服到南方的越國去販賣，他以為可以大賺一筆。賣衣服哦！漂亮又新潮的衣帽呀！
但是越人的風俗是留短髮，紋身赤裸著胸膛，全不穿戴衣帽。

於是，他寫信給老婆說：「很慘，這兒的人全都赤身不穿戴衣帽，我馬上回去。」

又有一個鄭國人也同樣帶著衣帽來到越國做生意。
「來買衣帽呀！漂亮又新潮的衣帽呀！」

他也發現越人的習俗是赤身不穿戴衣帽的，鄭國人看了大樂：「太棒了！找到一個衣帽行銷的處女地。哈！哈！」

越國人說：「咱們越國人從不穿戴衣帽，你來錯地方了。」
鄭國人說：「這也是我來這裏的原因。」

於是，他趕緊寫信給老婆：「這裏沒有人穿戴衣帽，是個最佳的市場，速寄大批衣帽到越國來。」

相同的狀況，悲觀和樂觀的看法卻是兩極。越人紋身不穿衣戴帽，是賣
不掉衣帽？還是賣衣帽絕佳市場的處女地？怎麼想，要怎麼做，完全在
於自己的觀念！

宋人的祕方

要有大作為，就得打破既有的成見。
剛愎與衝動，就是愚蠢的明證。

宋國有一族人善於製造一種藥，這種藥，冬天的時候搽在皮膚上，可使
皮膚不會乾裂。所以這一族人，世世代代便做漂白布絮的生意。

後來有個客人知道了，便出百金，收購了這個祕方。他將祕方獻給吳
王，並說明這個祕方在軍事上的祕用。

那時吳越雙方是世仇，吳王得到這祕方之後，就在冬天發動水戰。吳人恃有祕方，軍士都不生凍瘡，越人沒有這種藥，
軍士便生皮膚病而大敗。吳人打敗越人以後，獻祕方的客人，便受封了一大塊土地，生活富裕，社會地位也不同了。

同樣的一種祕方，宋人不會善用祕方，世世代代做漂絮工人。有人會變通使用，便能致富封侯。關鍵在於每個人的思考、規劃、變通能力。

孫子的經營兵法

日本軟體銀行創辦人孫正義的觀念很特殊，他是個天才，從小便對美國事物感興趣。對日本當地的商人藤田田把麥當勞變成連鎖餐館的事蹟非常崇拜。這位商人見到少年孫正義時，鼓勵他到美國去學習。

一九五七年，在美國求學時，三週便完成了高中教育、不到兩年便念完

社區大學,十六歲時,越級進入加州柏克萊大學就讀,十八歲在校園販賣日本電子遊戲獲利一百萬。十九歲時,把在校研發的語言翻譯器原型機的專利賣給夏普公司,賺得一百萬美元。

一九八〇年孫正義回到日本,二十三歲的他滿腦子創業想法,花了將近一年時間思考下一步,如何在四十種創業中選擇最適合自己的模式?電腦軟體批發從中脫穎而出。

一九八一年,孫正義創立軟體銀行,公司成立那天,他踩在蘋果箱上向僅有的兩名雇員發表演講:「二十歲時打出旗號,在領域內宣告我的存在;三十歲時,儲備至少一千億日圓資金;四十來歲決一勝負;五十來歲,營業規模要達到一兆日圓。」

當時看來,這個目標未免狂妄,而回頭看看他這一路走來,孫正義幾乎每一個年齡段都實現或者提前實現了他十九歲時定下的目標。

軟體銀行自一九九四年上市以來，擁有日本三百家企業，遍及美國、歐洲的合資或獨資企業，掌握日本七十％互聯網經濟，躋身日本前十大公司，孫正義在短短三十三年間打造出資訊技術帝國。

一九九五年，他看準網路產業，選中雅虎公司，投資三億五千五百萬美元，成為雅虎最大股東，並讓日本雅虎成功進軍東瀛，目前所擁有的雅虎公司股份市值為八十四億美元。

一九九九年，一次集結互聯網大腕王志東、張朝陽、丁磊等人的專案評價會上，孫正義一眼就看上馬雲的阿里巴巴，對於馬雲所提出的互聯網將由「網友」時代邁向「網商」時代的想法，孫正義表示強烈的投資意向，同年十月，投入阿里巴巴二千萬美元，又幫助阿里巴巴收購雅虎中國，主動退股，套現三億五千萬美元。

二〇一四年九月十六日，隨著阿里巴巴登陸美股市場，孫正義的財富淨

值漲至一六六億美元，成為日本首富。

孫正義酷愛《孫子兵法》，軟體銀行的經營管理應用了《孫子兵法》的智慧，將軟體銀行打造為精準快速的創新企業。

孫正義是孫子兵法的創新天才，點子特別多，奉行孫子「風、林、火、山、海」的突破戰術馳騁商場。從一九九五年開始，先後幫助雅虎、UT斯達康、新浪、網易、阿里巴巴、分眾傳媒、盛大網路等獲得巨大成功。

馬雲說：「孫正義是個大智若愚的人，幾乎沒一句多餘的話，彷彿武俠中的人物：一、決斷迅速；二、想做大事；三、能按自己想法做事。」

孫正義說：「我的祖先是中國人，我是孫子的後裔，血管裡流著孫子的血液，如果沒有《孫子兵法》就沒有我孫正義。」

《孫子兵法》的第一篇始計，是指萬事從計畫開始。前六篇則是戰前準備，知己知彼，百戰不殆。他以孫子的「道、天、地、將、法」做事前評估，以「智、信、仁、勇、嚴」考核幹部。

孫正義還把「勝兵先勝而後求戰」、「敗兵先戰而後求勝」兩句孫子名言作為廠訓，放在大門口兩邊，將孫子的智慧應用到一次次投資併購中，做到「不戰而勝」的精髓。

孫正義的投資觀念非常特殊，他以五十年的視野看未來新興行業的發展，在雅虎、阿里巴巴剛起步時，便開始投資。並把投資對方看成一種關係的開始，他人緣極佳，是合作夥伴的戰友。

觀念決定一個人的思維模式，觀念決定一個人的氣度，領導人的胸襟決定企業規模的大小。

賺錢
兵法

「說話」和「聆聽」中有鈔票

世界上最會做生意的是猶太人，
猶太人掌握七個說話的要領。
人只有一張嘴，卻有兩個耳朵。
所以要以兩倍於自己說話的時間，
仔細傾聽對方說話。

有人的地方就有江湖，

闖蕩江湖不能只靠一招半式。

想賺錢致富，

當然得先練就一身功夫。

閱讀是人生最好的投資

股神巴菲特說：「風險來自於你不知道自己在做什麼。要投資成功，就
要拚命閱讀，不但讀有興趣購入的公司資料，也要閱讀其他競爭者的資
料。」

想賺錢致富便需要投資，一個人可能耗盡一生才寫出一本書，我們只要
花三十塊錢和兩個鐘頭，便能得到作者一生經歷和他的智慧思想，閱讀
是本小利大最好的投資。

巴菲特極度不贊同每天進出股市，以下是他對股民的建言：

世界上最笨的事情就是一看到股價上揚就決定要投資一檔股票。

如果你不斷的跟著風向轉，那你就不可能會發財。

在股票市場中，唯一能讓您被三振出局的是──不斷搶高殺低、耗損資金。

我最喜歡的持股時間是──永遠！

如果你不打算持有某支股票達十年，則連十分鐘也不要持有。

買股票時應該假設明天開始股市要休市三至五年。

不要以價格決定是否購買股票，而是要取決於這個企業的價值。

投資股票的第一原則：不要賠錢。

只花四毛錢買價值一塊錢的東西。

買股票的時機，應該與大多數投資人的想法相反。

別人貪婪時我恐懼，別人恐懼時我貪婪。

最好和最壞

師父跟弟子說：「去市場替我買些好食物。」

弟子去了，帶回一個舌頭。

他又跟弟子說：「去市場替我買些壞食物。」

弟子去了，又帶回一個舌頭。

師父問弟子說：「我說好食物，你帶回一個舌頭，我說壞食物，你也帶回一個舌頭，這是為什麼？」

弟子回答說：「舌頭是善惡根源，當它善的時候，沒有比它更善的了；當它惡的時候，沒有比它更惡的了。」

師父笑道：「你開悟了，可以畢業啦！」

管控自己的情緒

只有在退潮的時候，
你才知道誰光著身子游泳！

紐約機場，一位旅客看到一個粗暴的商人大聲責罵搬運員處理行李不當，商人罵得很凶，搬運員卻顯得若無其事。

商人走後，這位旅客稱讚搬運員說：「你真有涵養啊，一點也不生氣。」

搬運員微笑著說：「沒關係！那個人搭機到佛羅里達，但他的行李將運到密西西比。」

蘇格拉底說：「說出去的話像射出去的箭，再也收不回來。」

如果我們沒有甜蜜的嘴巴好口才，至少保持平靜安詳不說話，以免害了自己。

善意無敵，與人為善，最後受益的會是自己。

勤練自己的三寸不爛之舌

有句台灣俚語：「千金難買一張生意嘴。」做生意嘴要甜，又會說話。

台積電董事長張忠謀說：「任何寫超過兩張A4紙的企劃案，我都不看。」

無論你有多好的創意，也必須有好的文筆或口才才能說服別人。

戰國時代，韓非子寫了一本如何治國的法家聖典，他到秦國企圖說服秦王嬴政重用他，雖然他自知「說難」——說服別人是件困難的事。由於韓非子天生口吃，不但沒被秦王重用，最後在秦國監獄被李斯害死。

同樣到秦國說服秦王的張儀口才可好得多了，張儀跟鬼谷子學習，學成之後遊說各國諸侯。

有一次，張儀到楚國陪楚相喝酒，席間，楚相丟了一塊玉璧，門客們懷疑張儀，說：「張儀貧窮，品行鄙劣，一定是他偷了玉璧。」

於是把張儀拘捕起來拷打，張儀始終沒承認，只好釋放了他。

張儀的妻子又悲又恨：「您要是不讀書遊說，怎會受這種屈辱呢？」

張儀問妻子：「你看看我的舌頭還在不在？」
他的妻子笑著說：「舌頭還在呀。」

張儀說：「這就夠了。」

後來張儀果然靠他三寸不爛之舌說服秦惠王，當了秦國宰相。以連橫的外交策略遊說各諸侯國，使各國由合縱抗秦轉變為連橫親秦，張儀也因此被秦王封為武信君。

做生意要有口才,勤練自己的三寸不爛之舌,是賺錢的必要才能。

世界上最會做生意的是猶太人,猶太人掌握七個說話的要領:

一:不班門弄斧。

二:不打斷別人的話。

三:不急於求成。

四:提問要有針對性。

五:解答要符合情理。

六:談話要有始有終。

七:內容要實際。

傾聽是致富的美德

人只有一張嘴,

卻有兩個耳朵。

要以兩倍於自己說話的時間,仔細傾聽對方說話。

金融王國羅斯柴爾德家族的家訓就是「少說」。

應該傾聽對方的話,建立信任關係,才能獲得成功。

股神巴菲特說:「頭腦中的東西在還沒整理分類之前,全部叫作垃圾!」

自己還沒想清楚之前,千萬別說出口。
傾聽是致富的葵花寶典,在傾聽中了解對方真正的想法和自己原本的想法。

虎標萬金油與綠油精

沒有數量，便沒有經濟規模。
產品越現代，越受消費者歡迎。

小時候，有一種新加坡生產、裝在扁小金屬圓盒名叫「虎標萬金油」的深褐色膏藥，專治頭痛、蚊蟲咬傷，打開小圓盒指頭輕輕沾一點，在太陽穴或蚊蟲叮咬的傷口揉一揉便很有效，一小盒「萬金油」可用一兩年。

後來有家藥廠人概從「虎標萬金油」得到靈感，以大致相同的原料，加上一百倍水裝在扁平小玻璃瓶，把深褐色油膏改成綠色液體，取名為「綠油精」，只要打開瓶子便可直接揉抹，方便又不沾手指頭。賣得比「虎標萬金油」還好，收入超過好幾百倍。

把一個產品稀釋一百倍，加上現代包裝，更合乎年輕世代潮流；一瓶兩三個月就用完可增加銷量，這就是最好的「生產成本低、營業額高」的商品策略。

神田三郎的悲劇

什麼是失敗？
失敗只是朝向較高位置的第一台階。

一個消息，
你認為是壞消息，便會得到壞結果。
你認為是好消息，便會得到好結果。

從小我便充滿自信，確信任何消息必是個好消息，即使是被老闆開除，我也會當它是個好消息，因為能藉這個契機一飛沖天展現自己，讓原老

闆震驚。

美國作家愛默生說：「自信是成功的第一祕訣，自信是英雄主義的本質。」

自信是人生重要的葵花寶典，面對失敗也是如此。

松下電器成為世界品牌的大公司之後，有一次招聘推銷員，競爭非常激烈，報考幾百人，只錄取十名，經過一星期篩選出十名優勝者。

松下幸之助親自看入選者名單，令他意外的是，面試時印象深刻的神田三郎並沒錄取，於是要下屬複查分數，發現神田三郎名列第二，由於電腦出錯才使他沒進入前十名。

松下聽了，立刻改正錯誤，要下屬盡快給神田三郎寄發錄取通知書。

第二天，下屬報告一個令人吃驚的消息：由於沒有錄取，神田三郎竟然跳樓自殺身亡。

下屬抱歉地說：「由於電腦出錯，才造成神田三郎的悲劇。」

松下幸之助搖搖頭說：「不！幸虧我們公司沒有錄取他，一個沒勇氣面對失敗的人，如果我們用了他才是松下電器的悲劇。」

一旦遭受挫折，便心灰意冷，沒有堅忍的意志哪能登上顛峰？

創新才能領先世界

百發百中的神箭手，如果漫無目標也射不中一隻野兔。

成功者永遠緊盯著目標，不改初心。

索尼公司的成功祕訣就是不斷開發新產品，以新制勝。索尼的發展過程

就是不斷創新的過程。

索尼創始人盛田昭夫說：「我們的計畫是用產品領導潮流，而不是問需要哪一種產品。」

從一九五五年開始，索尼公司生產出領先世界的半導體收音機、錄音機、晶體收音機、彩色電視機、電話答錄機、錄影機、電子記事本、半導體電視機等劃時代的新產品，不斷推向市場。

索尼公司要生產市場從未銷售過的產品，也就是完全新創的。是要帶動流行，而非跟隨時代流行。索尼公司推出新產品是全世界效率最高的。

盛田昭夫告訴員工說：「我們不能滿足於已經取得的成就，一切都在迅速變化，人們的觀念、見解、風尚、愛好和興趣也迅速變化，企業如果不善於反應變化，就不能在商界生存，在高技術的電子領域尤其如此。」

盛田昭夫深信必須領導消費者口味，而不是落在消費者之後，最典型的例子就是Walkman隨身聽，不僅在日本瘋狂流行，還占領歐美市場，帶動世界人手一機的時代潮流。

索尼公司依靠不斷創新，攻下市場，已經成為世界的大企業，盛田昭夫也因此被譽為「經營之聖」，與「經營之神」松下幸之助齊名。

一堆垃圾能賣多少錢？

當別人說一加一等於二的時候，
你應該想到大於二。

一九四六年，有一對從納粹集中營活了下來的父子來到美國，在休士頓做銅器生意。

有一天，父親問兒子說：「一磅銅的價格是多少？」

兒子答道：「三十五美分。」

父親說：「對，每磅銅在德克薩斯州的價格是三十五美分，作為猶太人的兒子應該說三十五美元。你試著把一磅銅做成門把，就能賣三十五美元。」

二十年後父親死了，兒子獨自經營銅器店。他做過銅鼓，做過瑞士鐘錶的簧片，做過奧運會獎牌。他曾把一磅銅賣到三千五百美元，這時他已是麥考爾公司董事長。但真正使他揚名的是紐約州的一堆垃圾。

紐約自由女神是一八七六年法國為紀念美國獨立戰爭期間的美法聯盟，贈送給美國獨立一百週年的禮物。自由女神成了美國的象徵。

一九七四年，自由女神豎立在紐約海港內自由島哈德遜河口的一百年後，美國政府為了清理給自由女神像翻新扔下的廢料，向社會招標。過了幾個月都沒人應標。

正在法國旅行的他聽說後，立即飛往紐約，看過自由女神下堆積如山的銅塊、螺絲和木料後，當場簽字。

紐約運輸公司對他這愚蠢舉動暗自發笑，紐約州對垃圾處理有嚴格規定，弄不好還會遭受環保組織起訴。當大家要看他笑話時，他開始對廢料進行分類。把廢銅熔化，鑄成小自由女神；把水泥塊和木頭加工成底座；把廢鉛、廢鋁做成紐約廣場鑰匙。

最後，把從自由女神身上掃下的灰賣給花店。不到三個月時間，他讓這堆廢料變成了三百五十萬美元現金，每磅銅的價格整整翻了一萬倍。

對沒有想像力的人而言，一堆垃圾就是一堆垃圾。

如果眼光獨到、獨具慧眼，一堆垃圾就是三百五十萬美元現金。

光靠勤奮發不了財

有一位下屬喝醉時，對老闆說：「論勤奮，你不如我；論成功，我根本不敢和你比！為什麼呢？」

老闆說：「社會大多數人都很勤奮，但不是所有的人都能發財！光靠勤奮發不了財！」

下屬問：「發財不是靠勤奮，那靠什麼呢？」

老闆說：「我的長處是動腦創造機會讓別人有工作可以做，而不是我比他們更努力！」

與其努力埋頭苦幹，不如勤奮地動腦思考找機會！

向小恐龍學習

在快速變革時代，
反應太慢必遭淘汰。

由非洲露西開始算起，人類也才發展三百二十萬年，地球動物有的已經
存活三億年了。

這證明了牠們自有一套生存法則，才能度過無數次災難延續到今天。無
論是生存之道或商場法則，人應該謙卑地跟動物學習。

從前地球氧氣濃密，植物茂盛，才繁殖出超大體型的恐龍。六千萬年
前，彗星撞地球，大地烏雲蔽日，大片植物森林消失，大型恐龍完全絕

種。然而會飛行跳躍的小型恐龍轉化成鳥類。靠的是體型小，食物要求不大，才能安然度過恐龍滅絕危機。

經濟蓬勃時，公司規模跟獲利成正比，經濟蕭條時，公司規模越大倒閉得越快。物資缺乏，體型要變小，需求要變少。

向北極熊學習

在對的時機，大張旗鼓賣力賺錢。

經濟蕭條時，不如暫時鳴金收兵。

北極熊、美洲灰熊趁秋末鮭魚返鄉之際大吃特吃，積累兩英寸厚的脂肪。冬天氣溫降低陸地冰封，牠們便進入冬眠。因為牠們知道：為了取得熱量，當支出大於成本時，不如回家睡覺。

賺錢
兵法

為自己提一盞燈

一塊沉入紅海的金子和一塊石頭沒有區別。

及早讓自己成為擺在曼哈頓的鑽石，

而不是隱藏於撒哈拉沙漠的珍珠。

東晉時，晉武帝與群賢共話技藝，王敦坐在一旁一副不屑的樣子。

晉武帝問：「王敦你會技藝嗎？」

王敦說：「會一點。」

晉武帝問：「你會什麼技藝？」

王敦說：「我只會打鼓。」

晉武帝說：「取鼓來！」

王敦揚槌奮擊，音節諧調快捷，如狂風暴雨；他擊鼓時旁若無人神氣豪邁，驚動全場，在座無不嘆服。

人的一生中，能讓我們表現自己的機會並不太多，成功者只需要一次機會，他便能表現得令人刮目相看。

為自己提一盞燈

如果我們自己不是個發光體，

不妨自己提一盞燈，讓別人看得到。

有個人走在伸手不見五指的夜路，看見對面來了一個提燈籠的人，走近一看是個瞎子，於是問盲人：「為什麼要多此一舉呢？」

盲人說：「我提燈，是要你們看見我。」

我們很難讓別人主動發現，還沒成為發光的鑽石之前，也要設法讓別人發現。

主動積極開拓自己的前程

亨利十五歲時向哥哥借了○‧二五元美金，在報紙上刊登了一行小字廣告：「做事認真，勤奮苦幹的少年求職。」

不久便被比達韋爾公司雇用了。從當服務生開始，薪金很少，工作繁雜、緊張，但他總是掛著一臉微笑。後來獲得董事資助，創辦製鐵工廠，成為千萬富翁。

亨利的朋友鋼鐵大王卡內基說：「亨利主動積極地創造機會，開拓自己的前程。」

沒有人知道我們的才能，為了讓人發現，不妨主動積極為自己刊登廣告。

平常心是道

一九六五年八月，林海峰於日本圍棋名人賽決戰坂田榮男。

他的老師吳清源跟他說：「只要以平常心應戰，你便能贏坂田榮男。」

最終林海峰以四比二戰勝坂田榮男獲得冠軍，成為日本圍棋史上最年輕的名人，當年他才二十三歲。

平常心的真正意思是發揮正常水準，看來好像很簡單，其實不然。

我打過十次亞太盃、三次世界盃橋牌大賽，發現很多選手面臨關鍵時刻便會失常，表現得完全不像國家代表隊的水平。

人生場合也是如此，有的人往往無法即時展現自己的實力。成功者剛好

相反，越是關鍵表現得越好，只要給他場子，站在台上，他便像一顆鑽石，光芒四射驚動全場。

發光的履歷表

成功之路只有一條，
就是充分準備！
——哈佛校訓

當兵退伍之前，為了日後應徵求職需要，我製作了一本很厚的作品冊頁，裡面有我出版的二百本漫畫簡介、《中華日報》、《聯合報》副刊畫了兩年的插圖剪貼、設計印刷完成的書本封面與唱片封套、報紙黑白稿廣告、海報等琳瑯滿目，主考官一打開就像看到一本會發光的簡歷。

退伍後，我第一個工作是華美建設公司，主管看了我的作品集，當場聘

雇我當中美超級市場美術設計，負責超級市場海報、廣告和內部陳設，配合超級市場的促銷活動。

華美建設雖然待遇不錯，但是當超級市場美術設計不可能升級，我又是整個部門最會畫畫的人，繪畫技巧也不可能長進。每天下班回家後，常翻閱報紙求職欄，希望能尋找其他的工作。忽然看到「光啟社」三個大字，立刻眼睛一亮：

光啟社徵求美術設計大專相關科系畢業；兩年以上工作經驗。男役畢。

二個條件中，我只符合「男役畢」這項，另外兩個條件，就離得相當相當遠。

光啟社，是歷史悠久的天主教文教視聽節目服務機構，製作廣播、電視節目、廣告短片、紀錄片等。取名光啟是為了紀念明末耶穌會教士利瑪竇的好朋友基督徒徐光啟，期望獲得天主之光啟迪之意。

我知道光啟有電視、電影、動畫、廣播、廣告部門，在光啟社上班應該可以學很多東西。

第二天，趁中午休息時間，我帶著一大本作品冊頁，跑到距離華美建設五百米左右，只隔仁愛路圓環的光啟社大樓門廳，見光啟社負責人鮑神父。

我開門見山說：「我是天主教員林教區教友，雖然我不具備大專相關科系畢業、兩年以上工作經驗的資格，這是我的作品，請讓我有機會參加光啟社美術設計應徵考試。」

我把作品遞給他，鮑神父翻閱作品冊頁，眼睛一亮，高興的說：「好，這個星期天下午一點半，我們舉行美術設計應徵考試，歡迎你來參加。」
果然我脫穎而出，成為三十個考生中的唯一錄取者。

會這麼自信的原因是我早已準備好一本發光的履歷表，其實我很確信：當鮑神父翻開這本作品冊頁履歷表的那一刹那，我便錄取了。

上班的憂患意識

年輕時我到光啟社上班，分發到業務部，負責畫商業廣告影片故事板。

我數學很好，也保持隨時記帳的習慣，每個月我都計算自己到底為光啟社接了多少工作，創造出多少業績。

好慘，好慘，連續半年，業績連自己的薪水二千九百元都沒達到。完了，完了，連薪水都賺不回，只會有一個下場，便是隨時都有可能被開除。

後來我自學動畫，製作三部四分多鐘的電視連續劇片頭，成為台灣最好

的動畫高手，這時才安下心來，知道公司不會開除我，反倒是怕我哪一天會辭職離開公司。

一招半式闖江湖，

得看別人的臉色。

真正擁有一身絕技，才能確保一生生活無虞。

主動認識厲害角色

我研究三年佛陀思想，準備動手畫成漫畫完稿出書之前，由於不能決定要把佛陀畫成像《西遊記》裡的中國式佛陀，還是偏袒右肩在森林修行的印度式佛陀，於是到古董市場想買幾尊佛陀造像來參考，才發現銅佛之美，便開始收藏銅佛，後來發現全世界鎏金銅佛收藏最好的人是新田棟一。我便飛到東京按新田棟一家的門鈴，遞給管家一本各國媒體採訪我的剪貼簿，說明自己是來自台灣非常熱愛銅佛的知名漫畫家求見。

沒多久，管家領我進入屋內跟新田棟一見面。他從媒體採訪剪貼簿，知道我確實很有名，不是壞人，熱烈邀請我住在他的豪宅。從此跟他建立了亦師亦友的終生關係。

敢於登門按門鈴，是深信我愛銅佛，對方也真心愛銅佛，那麼必定一見如故相見恨晚，絕不會被拒於門外。

我一生多次主動認識一個人，或主動應徵求職，因為我總認為生命苦短，想跟一個人相識，或讓別人發現自己的才能，期待因緣際會、隨緣相遇的機率很小，不如親自行動登門造訪。

人生中，我總是隨時準備個人作品冊子和各國媒體採訪剪貼簿，一亮出，來不用言語說明，對方立刻非常清楚。

財富要開源，不是靠節流

錢是靠賺出來的，
而不是靠節省下來的。

卡恩站在一個百貨商場門口，目不暇給地瀏覽著色彩繽紛的商品。
這時，他身邊走來一個衣冠楚楚的紳士，口裡叼著雪茄。

卡恩恭敬地走上前，對紳士禮貌地問：「您的雪茄很香，好像很貴吧？」
「兩美元一支。」
「哇！您一天抽幾支雪茄？」
「十支吧。」
「天哪！您抽雪茄多久了？」
「四十年前就抽了。」

「什麼？仔細算算，您要是不抽雪茄，那些錢足夠買這幢百貨商場了。」

「那麼說，您也抽雪茄嗎？」
「我才不抽呢。」
「那麼，您買下這幢百貨商場了嗎？」
「沒有啊。」

「告訴您，這一幢百貨商場就是我的。」

最成功的人士說：「最努力工作的人絕不會富有。如果你想富有，需要的是獨立思考，而不是盲從跟隨別人。」
富人最大的資產就是思考方式與眾不同，如果只跟隨別人的腳步做事，最後也只會擁有別人擁有的東西。

依靠節省省不出財富

只靠勤儉不抽雪茄無法買百貨商場。

賺錢致富靠智慧，不是靠節儉。開源比節流重要，不是因為花費才沒有錢，而是沒有持續的收入。

有個禿頭理論說：「人每天會掉頭髮，造成禿頭的原因不是因為掉頭髮，而是不再生長頭髮。」

大樹每天掉很多葉子，但是越長越茂盛，因為新長出來的葉子比掉的葉子還多，所以致富的關鍵在於如何開源，而不是節流。

時間比金錢重要

我們能儲蓄金錢，卻不能儲蓄時間。

能跟別人借錢，卻無法借時間。

很多人想通過節儉存更多錢，卻為了節儉浪費了更多時間。例如購物花很多時間只為了節省幾塊錢，浪費了很多時間。

通過節儉或吝嗇的確能使自己的錢多一點，但只能成為小富，還得花很長很長時間。

想成為富豪要正確判斷時機和智慧，這樣賺錢就不會太難，而不是靠吝嗇節儉。

時間的本質

我很喜歡孤寂，不喜歡被別人或自己打斷工作，一大段完整的時間非常好用。

我曾經坐在桌前連續工作五十八個鐘頭，獨立完成一個四分鐘電視動畫片頭。

曾經連續四十二天沒打開門，專心完成一件重大的工作。

隻身到東京四年，完成漫畫諸子百家系列。

閉關研究物理數學十年又四十天。
我沒有手機，是為了不讓別人切斷我的時間。我沒有手錶，是為了不讓
自己切斷時間。因為我很早便悟出：

一段時間有一段時間的功用，
切成兩段，只剩下六十％功用，
切成四段，只剩下三十％功用，
切成一百段，時間的功用便等於零。
收入與工作時間的長度成正比。
時間連續得越長，獲益越大。

牛頓二十三歲時，趁學校因瘟疫流行停課兩年的時間，研究物理數學，
發現萬有引力和微積分。

時間越短，獲益越小。

重慶碼頭拿著挑杆的挑夫，幫人挑一次只得幾塊錢。

成功不只是登上顛峰，顛峰只是最高的一點，馬上又要下山了。

成功是在高原嶺上走多遠？

持續多長時間？

交際本領＝外界無限潛能

山峰永不相遇，

而人卻時時相逢。

索尼創始人盛田昭夫總結成功祕訣時說：「索尼的成功都歸功於客戶。」

他有一部個人電腦是索尼的無價之寶，裡面儲存一千多個客戶資訊。盛田昭夫見客戶前，一定先瀏覽這位客戶的重要資料後才出門。

有一次，盛田昭夫宴請一位大客戶，席間，他突然對客戶恭賀：「恭喜您母親明天七十大壽，我準備了一份禮物作為壽禮，不成敬意！」
客戶很驚訝，對盛田昭夫非常感激。他們的合作自然愉快圓滿成功。

戴爾‧卡內基說：「一個人的成功，十五％取決於專業本領，八十五％取決於人際關係與處世技巧。」

專業本領只能帶來一種機會，
交際本領能帶來千百種機會；

專業本領只能利用自己的能量，

交際本領能借用外界無限能量。

美國普林斯頓大學曾對一萬個人事檔案進行分析，結果發現：專業技
術、知識、經驗只占成功因素的二十五％，其餘七十五％決定於良好的人
際關係。

人際關係的好壞，取決於交際本領的高低。盛田昭夫相信，了解客戶是
交際本領的無價之寶。

賺錢
兵法

及早發現自己的刷子

每個孩子都是天才，
只是媽媽不知道！
每個人都能厲害一百倍，
只是自己不相信！

台灣有一句俚語：「一枝草，一點露。」

清晨薄霧散了，地面無論大草小草，每株草尖端都掛著一滴露珠。

這句俚語意思是：天地是公平的，任何人只要努力守本分，都有一口飯吃。

天生我才必有用，不要有「萬般皆下品，唯有讀書高」的封建想法，行行出狀元，沒有哪一行比哪一行好。

每個孩子都是天才，只是媽媽不知道！
每個人都能厲害一百倍，只是自己不相信！

天才是從小培養出來的，而不是與生俱來。顧名思義，天才總是起步很早！在孩子出生之前就展開他的天才之旅。每個小孩都具備有天才的條件，只是要及早將他的才華開發出來。

莫札特五歲時，已經是歐洲傑出音樂演奏者，九歲時，便創作出很多知名交響樂。

牛頓二十三歲時，發現萬有引力、光學理論，還發明了微積分。

高斯九歲時，便寫出數學的連續和公式，與阿基米德、牛頓同列世界三大數學家。

紀伯倫十九歲時，以黎巴嫩語出版了世界名著《先知》。

愛因斯坦二十六歲時，發表了相對論、光電效應、分子的布朗運動等驚動物理界的五篇理論。

海森堡二十三歲時，發表量子力學的測不準原理。

史蒂芬‧史匹柏小時候便對電影有興趣，十二歲生日那天，其父送給了

他一架袖珍攝影機，這使他對拍電影更為著迷。二十四歲拍第一部好萊塢電影《飛輪喋血》，二十九歲導演《大白鯊》，與後來一系列賣座電影《第三類接觸》、《慕尼黑》、《侏羅紀公園》、《林肯》，成為二十世紀最具影響力的導演。

網球名將辛吉絲十六歲時，便拿下澳網冠軍，成為世界球后。

山普拉斯十七歲時，拿下溫布頓冠軍，成為世界球王。

麥可‧喬丹三歲半時，便開始在後院打籃球，後來成為最偉大的球員。

老虎伍茲十個月大時，高爾夫球教練的父親鋸短一根推桿讓他玩。兩歲時，老虎伍茲上美國最火紅的蘇麗文劇場電視現場節目，表演十吇推桿，一桿進洞。長大後，成為世界最偉大的高爾夫球球王。

賈伯斯十三歲時，跟鄰居到全錄公司參觀，從此立志從事這門新興行業。

比爾·蓋茲高中時，決定投入電腦科技。念哈佛大一時，休學創辦微軟。

以上這些偉大的成功者，都很早便已經選好舞台，及早練好自己人生的那把刷子，展開一生的志業。我們成為什麼是因為我們有夢想！人由於完成夢想，而成就自己。

科學家證實，成就與選擇目標的年紀成反比！越早選擇人生目標，成就便越高。
不要輸在起跑線，不是越級提早上各種才藝班，而是及早選擇人生的那把刷子！無論我們學習多少科目，最後也只是拿一把刷子混飯吃。越早找到自己人生的那把刷子，成就便越高。

三歲決定一生

人的生命由兩部分組成：

先天父母給予的，

以及後天自己賦予的。

所謂基因：龍生龍、鳳生鳳！指的是人的身軀、體型、長相、外貌。

白人父母生下白人小孩，黑人父母生下黑人小孩，亞洲父母生下亞洲小孩。

如同我們買一部索尼電腦，便有索尼電腦的硬體，買蘋果電腦，便有蘋果電腦的外型。但相同品牌的電腦買回去之後，使用者們裝上自己的軟體，立刻變得完全不一樣。有的人用來製圖、繪製動畫、處理帳冊，有的人用來上網聊天打電玩。

美國哲學家佛洛姆說：「每個人都生自於父母，但每個人都要使自己再重生一次。」

我們的父母生下肉身這個硬體，但心智裡面的軟體則要我們自己灌進去。天才不在基因裡……它來自從小接受外來的長期刺激！越早啟發刺激，就越有成效！

諺語說：「三歲看大，七歲看老。」

天才不是天生，而是出生頭幾年培養成的。

智商不是天生的，智商是生下來以後再灌進大腦的！負責為子女重新灌進軟體，最關鍵的人物是父母親！

啟發你自己的子女，

讓他們的心充滿想像力。

鼓勵他們努力做自己，

幫助他們完成心中的夢想。

美國物理學家理查‧費曼兩三歲時，父親經常帶他到森林散步，沿路教導費曼：每一朵雲、每一棵樹、每一株草花、每一隻小鳥的名字，引發費曼對大自然的好奇心和獨立思考的能力。

父親也教費曼數火柴盒，當數量多到幾百個之後，告訴費曼說：「每四個藍火柴盒後面放一個紅火柴盒，只要數紅火柴盒，再乘以五，就是總數。」

由此，小小年紀的費曼便發現數學之美，於是對物理數學充滿興趣，長大後他被認為是繼愛因斯坦之後最睿智的理論物理學家，也是第一位提出奈米概念的人，後來成為一九六五年諾貝爾物理獎得主。

當我還是蛋的時候便開始思考了

我一出生便受洗，一歲開始念聖經，三歲半時成為標準的天主教徒。

這時我大腦裡有一百到一千個聖經故事，有五十到一百位厲害的人物。每位聖經人物都有自己的一套絕技，例如：諾亞會製造超大方舟、摩西能將拐杖變成大蛇，能分開紅海，帶領猶太人從埃及回到以色列，耶穌有超能力，能以兩條魚五張餅餵飽三千個信徒，也能施展超能力，讓瞎子重見光明、令瘸子走路。

而我自己什麼都不會，也不知道將來可以做什麼。村子裡同齡小孩則各個都很篤定知道自己將來要做什麼！鐵匠的兒子幫忙拉火爐風箱、拉牛車的兒子幫忙放牛吃草、農夫的兒子早在田裡幫忙、三歲半的小姊姊已經背著一歲半的小妹妹了。

全村小孩只有我不知道將來可以做什麼。

所以我從三歲半開始思考，
躲在父親的大桌子下思考、
藏在九重葛綠籬笆裡面思考、
埋進棉被窩裡思考、
白天思考、晚上思考。
想知道自己將來可以做什麼、
會什麼、能成為什麼？

四歲半時，父親為了教我寫字，送我一張小黑板，從這張小黑板，我終
於找到自己的人生之路。

我發現自己有畫畫天賦，我很會畫、很愛畫，也畫得很好！

於是便立下志向：「只要不餓死，我要一生一世永遠畫下去，一直畫到老、畫到死為止。」

可惜當時並沒有畫畫這行業，比較接近的工作是畫招牌，後來又發現畫電影招牌更接近我的夢想。四歲半的夢想就是：「長大後，我要畫電影廣告招牌！」

記得有一年暑假，大哥帶著家人返鄉探親，父親問我和大哥的兩個兒子說：「你們長大要當什麼？」

大兒子指著牆上穿軍裝佩軍刀非常神氣的蔣介石照片說：「我長大以後要當大總統。」

二兒子說：「我長大以後要當警察。」

我說：「長大後，我要畫電影招牌。」

我不知道父親當時對這麼小的志向是否感到很失望。

九歲時，台灣開始流行漫畫，我便立志成為漫畫家。從事動漫五十多年了，還樂此不疲。

我智商一百四十八，不是來自於父母，而是三歲半之前就聽了一千個聖經故事，引發自發性思考才變聰明的。

人打從一出生，便已展開自己的一生，沒有所謂實驗階段，每個人要及早立志，選擇自己的人生目標。

人人皆有一口飯吃

英國物理學家克里克從小立志成為物理學家,他很著急,每天纏著媽媽說:「怎麼辦?為何還不快點長大?等到我長大後,物理都被別人發現光了怎麼辦?」

媽媽總是安慰他:「你放心啦!上帝一定會為你留下一個祕密,等你長大之後讓你來發現。」

克里克長大後,果然和美國物理學家華特生共同發現二十世紀最重要的物理發現:DNA雙螺旋構造。一九五三年四月二十五日華特生和克里克在《自然》雜誌上提出雙螺旋結構,成為解開生命密碼的金鑰匙。

焦尾琴

一個人像一把琴，心態好比琴弦，
調好心態，別人就不會輕視你的價值。

東漢時代的蔡邕擅長音樂，也獨具慧眼能辨識製作美妙樂器的良材。

有一次他路過會稽到吳郡，蔡邕對吳郡的人說：「我路過會稽郡高遷亭時，發現高遷亭東頭第十六根竹椽可以做笛子。」

人們依蔡邕的說法，將高遷亭東頭第十六根竹椽拿下來做成笛子，果然聲音美妙，能吹出奇異的音質。

又有一次，蔡邕路過吳郡看到一個人在做飯，發現爐灶有一塊上好的梧桐木正在燃燒，他不顧火勢，急忙把這塊木板抽出來，撲滅上面的火，

他一邊仔細端詳著這塊燒焦的木頭，一邊連聲說：「可惜，太可惜了，這塊木頭是做琴的好材料，燒掉實在是太可惜了。」

燒火的人笑了：「既然您這麼喜歡，就拿去好了。」

蔡邕把梧桐木拿回家，製作了一張古琴，取了雅致的名字「焦尾琴」。

幾百年來，焦尾琴一再輾轉，落到一個窮書生手中，窮書生不會鼓琴也不識貨，把這把看起來非常舊的琴拿到市場叫賣。

古琴磨損得很厲害，琴尾又被燒焦。

人人看了都皺眉頭，連五兩銀子也不肯買，窮書生一再降價，降到一兩銀子也沒人買。

這時一位頭髮花白老者走到前面來，問窮書生說：「能否讓我看看這把琴？」

窮書生說：「好啊。」
老者小心翼翼地端起古琴，上下仔細觀察，拿出手絹，擦拭琴上的灰塵和髒痕，輕撥琴弦為每一根弦調音，然後開始演奏。

美妙的樂曲便從這把破舊古琴流淌出來，優美的旋律驚動整個市場。

老者跟窮書生說：「這把琴大有來歷，是五百年前蔡邕親手製作的焦尾琴。」

窮書生說：「我要價一兩銀子也沒人買，這把焦尾琴應該值多少錢？」

老者說：「不識貨，一兩銀子也沒人買。識貨行家，超過五千兩銀子也

搶著要。」

通過老者介紹，焦尾琴以八千兩銀子賣給了識貨的古琴收藏家。

曾經連一兩銀子也沒人買的琴，為何有人肯花八千兩銀子買呢？因為已經被調好音，古琴才發揮出美妙的旋律，證明自己真正的實力。

伯樂知馬，人需要識貨的伯樂來發現，
自己也要調準心中的每一根弦，以便能彈出一生優美的旋律。

擺自己在對的地方

動物園的小駱駝問媽媽：「媽媽，為何我們的睫毛那麼長？」

駱駝媽媽說：「長睫毛可以讓我們在風暴中看得到方向。」

小駱駝又問：「媽媽，為何我們有駝峰？」

駱駝媽媽說：「駝峰可儲存大量水分，讓我們在沙漠十幾天不必喝水。」

小駱駝又問：「媽媽，為何我們的腳掌又大又厚？」

駱駝媽媽說：「可以讓我們不至於陷入沙子裡，便於行走沙漠。」

小駱駝高興壞了：「可是媽媽，為什麼我們還在動物園裡，不去沙漠遠足呢？」

人要有展現自己才能的場子，沒有發揮的舞台，空有一身功夫是沒有用的。

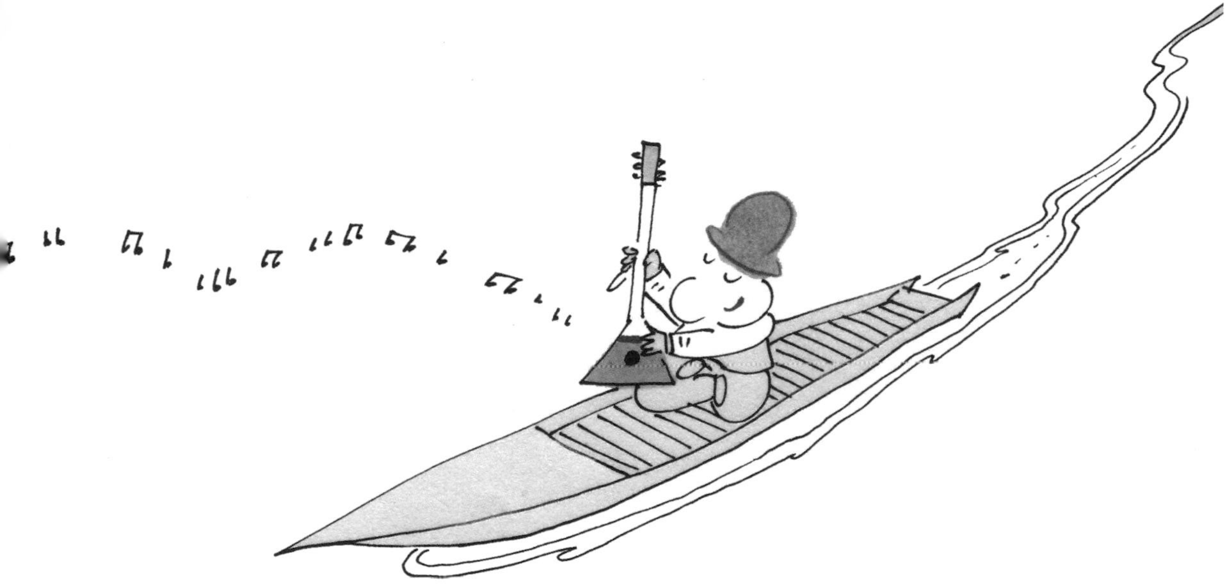

賺錢
兵法

時機比什麼都重要

獨特的眼光比知識更重要，
做生意的基本原則是正確判斷時機。

我的父親對我最大的影響就是：「熱愛自己的工作，要做就要做到第一！」

我的求勝意志不是天生的，而是從小看父親全力以赴，專注用心書寫書法所得到的啟示吧。

我的父親很愛書法，聽我媽媽說：「你爸爸年輕時為了練習書法，每天中午頂著大太陽，以磚為紙，以水當墨，拿著毛筆在紅磚上練字。」

被太陽曬燙的磚塊一寫就乾了，一磚兩面可以寫很多遍。一塊磚寫濕了再拿第二塊寫，這樣幾年下來，他便成為花壇鄉書法第一高手，像極了武俠小說中大俠練成天下無敵蓋世武功的情節。

父親書房掛著一張他寫的書法：

天下有二難：登天難，求人更難。

有二苦：黃蓮苦，貧窮更苦。

人間有二薄：春冰薄，人情更薄。

有二險：江湖險，人心更險。

克其難、安其苦、耐其薄、

測其險，可以處世矣。

他常說：「人要靠自己，別讓自己一生窮困，求人借錢，那就很難堪。」
有人的地方就有江湖，人在江湖要謹記：「求人最難、貧窮最苦、人情最薄、人心最險。」

所以到社會闖蕩之前，要先了解自己口袋裡的籌碼，據實評估我有什麼？會什麼？想達成什麼？如何達成目標？然後才全力以赴地行動。

而行動的過程裡，怎麼看準時機，十分關鍵。

錯失時效之惡

學生問智者說：「什麼是人活在世上最大的惡？」

智者說：「錯失時效是人生最大的惡！」

有一次我跟溫世仁說：「成功是：對的人，在對的時間，做對的事。」
有時候不對的人，在對的時間，做對的事，也能賺取財富。例如股票從
二千點漲到一萬二千點的那兩年時間，任誰進場買股票，都能賺到錢。

當時機不對時，對的人不會在不對的時間去做不對的事。

股神巴菲特說：「在拖拉機問世時做一匹馬，或在汽車問世時做一名鐵
匠，都不是一件有趣的事。」

人要在對的時機扮演對的角色，如果走在錯誤的路上，奔跑也沒有用。

對的時間做對的事

三十年前，我決定畫「漫畫諸子百家系列」。這個例子正是「對的人，在對的時間，做對的事」很好的例子。

一九八五年我到東京，準備長期待在東京，將自己的漫畫打入日本。日本是世界漫畫王國，我知道：即使我畫得跟日本漫畫家一樣好，想打入日本漫畫市場也不容易。

我畫了很多年漫畫，深知漫畫最重要的關鍵是自己該畫什麼題材？所以就努力思索這個問題。

有一次和跟一位日本漫畫家市川立夫聊天，我談起「莊周夢蝶」，對方跟我說：「好像柏拉圖也有類似的故事。」這才突然讓我想到：何不將

先秦諸子百家思想化成漫畫呢？

剛好我隨身帶著幾本莊子、老子、墨子的哲學書，當下便停止聊天，開始研讀莊子，很興奮地動筆把莊子思想改編成漫畫，十天後，已經完成整本《漫畫莊子》的草稿，然後去了講談社。講談社當場就答應要跟我簽約，出版漫畫諸子百家系列。

接著我一邊完稿漫畫莊子，同時也繼續畫老子、孔子、列子、韓非子，不過不急著出版，因為我規劃的是整個漫畫諸子百家系列。

一九八七年這套漫畫系列開始出版，果然大受歡迎，不但打入日本，甚至在全球四十五個國家出版，總共賣了四千萬本。

事後歸納起來，當時從沒有人用漫畫的形式來詮釋中國的歷代經典。我決心投入這個領域，正逢中國開始關心自己的文化，西方國家也開始關

注東方思想的時刻，所以從第一本《莊子說》開始，就造成轟動。因此我把這件事情當作「時機比什麼都重要」的例子。

（有關我創作這個系列的經過的細節，請參閱《豺狼的微笑2》的第二章。）

後語

猶太人給我們的提醒和啟示

金錢是人生的工具,應該努力去擁有它。

金錢是成功的標緻,是實現人生價值的工具,

沒有錢,連上帝的禮物都沒有。

節儉是富人的本分

世界首富比爾‧蓋茲年輕時，多次到台北參觀電腦展都坐經濟艙，經過多次空服人員主動幫他升等，此後他才不好意思地改坐頭等艙。

有一次與朋友前往飯店開會，服務人員建議將車停放貴賓車位。

比爾‧蓋茲不肯，他跟飯店服務人員說：「貴客車位需要多付十二美元，你覺得有必要嗎？」

巴菲特出生於內布拉斯加州最大的工商業城奧馬哈市，他一直住在五十年前花三萬一千五百美元，在出生地買的一幢簡陋房子。低調的灰色外牆，跟他的財富很不相稱。讓人難以置信的是該地區還被當地政府列為「有損市容」。

比爾‧蓋茲跟巴菲特一起接受電視採訪時，比爾‧蓋茲說：「有一次我到他家拜訪，巴菲特好像不知道家中椅墊已經掉得只剩下木板條了。」

巴菲特喜歡喝可口可樂，車庫入口處堆放很多箱可口可樂，他每次都以折扣價購買十二罐一箱的可口可樂五十箱。

巴菲特生活簡樸，到香港出差時，還用飯店所贈的優惠券去買打折麵包。家人替他買件新衣服，他卻拿去退掉，他認為舊衣服雖然已經穿了好幾年，但還能繼續穿。

加拿大首富、媒體大亨肯尼士‧湯姆森儘管腰纏萬貫，卻生活節儉不亂花錢，出差搭飛機都坐經濟艙，他常穿著便宜的衣服，後跟磨損的鞋子，在多倫多雜貨店選購食品。

有時湯姆森會把汽車停在離晚宴地點幾個街區遠的地方，冒著大雪步行

奔赴晚宴，只是為了節省停車費。

布施是富人的義務

賢而多財，則損其志；
愚而多財，益增其過。

從古至今，絕大多數的富翁都將財富全部留給子孫後代。

但美國的富豪近年來卻流行一種新風尚，就是不要留太多財產給自己的子女，以免他們沒有機會展現自己，成為社會庸才。

鋼鐵大亨卡內基說：「有錢人有責任把財產分給窮人，所有超過家用之外的個人財產，都應視為社會受益信託基金。」

微軟創辦人比爾‧蓋茲與股神華倫‧巴菲特是這個觀念的實踐者，他們打破了富豪們捐贈的慣常作法。用行動詮釋金錢是什麼？賺錢是為了什麼？

比爾‧蓋茲說：「我不會把財產留給自己的三個小孩，我會在去世之前將九十五％的財產捐獻出去。」

蓋茲基金會設立於二○○○年，資金三百億美元，是世界上最大的公益信託基金。六十％的捐款致力於根除開發中國家的瘧疾、肺結核、愛滋病的事業上。

巴菲特受比爾‧蓋茲的啟發，決定捐獻八十％財產給蓋茲基金會。

巴菲特目前資產總額大約四百四十億美元，他打算捐出三百七十億美元，這將使蓋茲基金會的資金翻倍。

巴菲特在《財星》雜誌專訪裡說道：「我從沒打算把財產留給自己的孩子。在這個人人都渴望成為社會精英的世界中，百萬家產將使競爭變得不公平，我們應該努力保持機會平等。」

巴菲特說：「留下遺產給自己的小孩，會使他們變成垃圾，如果我的小孩能從我身上得到一元美金，就算他們走運了。」

當代富豪有這種觀念，可能緣自於國際金融王國羅斯柴爾德所留下的教訓。羅斯柴爾德把財富留給兒子拉斐爾，拉斐爾繼承遺產兩年後，被人發現死於紐約人行道上，死因是吸食海洛因過度，年僅二十三歲。

從此富豪們對於把財富留給子女的利弊做深切自我檢討，引發生前將財富捐出從社會公益的風尚。

美國卡內基基金會曾經做過一項調查，繼承十五萬美元以上財產的子女

中，有二十％放棄工作，整天沉溺於吃喝玩樂，直到傾家蕩產；有的則一生孤獨，出現精神分裂問題，或做出違法亂紀的壞事。

人生於天地之間，
自立自強才是人生最重要的課題。

清末封疆大吏左宗棠告老還鄉，在長沙大興土木，打算為子孫後代留下豪華府第。他怕工匠偷工減料，常親自到工地督工。

老工匠說：「大人您放心吧，我活了一大把年紀，蓋了不知多少府第。我手上造的府第從沒倒塌過，但屋主易人卻是常有的事。」

左宗棠聽後滿面羞愧，嘆息而去。

同為名臣，林則徐則開明多了，他絕不留財富給子孫。

林則徐說：「將來子孫若如我，留給他們錢財有什麼用？賢而多財，則損其志；將來子孫若不如我，留給他們錢財又有什麼用？愚而多財，益增其過。」

為子女留下財富，不如留下更多的知識，後代未必能保留住財富，但須用知識去創造財富。

無論留下什麼給子女，都比不上讓他們學會自立更重要。

猶太人的賺錢哲學

《塔木德》說：「上帝給予光明，金錢散發溫暖。」

對猶太人而言：「金錢是唯一的陽光，錢照到哪裡就亮到哪裡。」

西元前五八六年，巴比倫人摧毀猶太王國。猶太人被放逐巴比倫。流散在外的希伯來人在當時被稱為「猶太人」，意為猶太國滅亡後的遺民，後來相沿成習。

巴比倫之囚時代的猶太人個個都發誓：「耶路撒冷啊！我若忘記你，就讓我的右手從此不會操作，舌頭從根爛掉。」

兩千年來，猶太人流離失所到處遷徙，變成失去祖國的流浪民族。對猶太人而言，《聖經》和《塔木德》就是祖國。於是他們帶著《聖經》和第二聖經《塔木德》浪跡天涯。

由於長期被歸類為異端，處處遭受欺凌排斥，財富便成了生命的依託，金錢是唯一跟異族溝通的利器。因此猶太人從小就被灌輸：「擁有金錢不是罪惡，每個人要用賺錢來證明自己的能力。」

白賺一千馬克的方法

第一次世界大戰前，有一家德國公司打造一艘飛艇，便刊登廣告聘請飛艇機長，一位德國飛行員前來應聘。

主考官問：「你會駕駛飛艇嗎？」

德國人說：「會，我有飛艇駕駛執照。」

主考官問：「你希望待遇多少？」

德國人說：「兩千馬克。」

主考官問：「為什麼？」

德國人說：「一千馬克給自己，一千馬克給老婆。」

主考官說：「很好。」

又一位法國人來應聘。

主考官問：「你會駕駛飛艇嗎？」

法國人說：「我會駕駛飛機，開飛艇應該沒問題。」

主考官問：「你希望待遇多少？」

法國人說：「三千馬克。」

主考官問：「為什麼？」

法國人說：「一千馬克給自己，一千馬克給老婆，一千馬克給巴黎的情婦。」

主考官說：「很好。」

又一位猶太人來應聘。

主考官問：「你會駕駛飛艇嗎？」

猶太人說：「不會，也不會開飛機。」

主考官問：「不會駕駛飛艇也來應徵？你希望待遇多少？」

猶太人說：「四千馬克。」

主考官問：「為什麼？」

猶太人說：「一千馬克給你，一千馬克給我自己，兩千馬克請那位德國

笨蛋來駕駛飛艇。」

主考官說：「很好。」

於是達成協議，主考官得到一千馬克，有頭腦的猶太人白賺一千元。

猶太人會賺錢的確有他們的理由，他們的賺錢模式跟我們的確很不同。

向猶太人借錢

樵夫伊凡用斧頭做抵押，向村裡的猶太人借了一個銀幣。雙方談好條件：伊凡明年春天還兩個銀幣。

伊凡拿著一個銀幣剛剛要走，猶太人叫住他：「伊凡，等一等，明春你要湊足兩個銀幣是有點困難，不如現在你先付一半不是更好嗎？」

伊凡想想猶太人講的還滿有道理的，便先歸還了一個銀幣。

回家的路上，伊凡邊走邊想：「怪事，怪事，我真想不明白，銀幣沒了，斧頭也沒了，怎麼我還欠他一個銀幣呢？」

猶太人會賺錢的確有他們的理由，他們的思考方式與窮人的想法的確很不同。

聰明的猶太拉比

有三名神職人員，分別是英國牧師、美國神父及猶太拉比，一起參加講座，彼此交流起自己的工作狀況。

美國神父問其他兩位：「對於教堂奉獻箱裡信徒們所奉獻出來的錢，你們都是怎麼處理的？」

英國牧師說：「為了公平，我會在地上畫一條直線，然後把奉獻箱裡所有的錢，往天上一丟，落在地上直線右邊的，是屬於上帝的錢，作為教堂運作的經費；而落在直線左邊的，則算是我的薪水，留下來讓自己過日子。」

美國神父說：「我在地上畫個小圓圈，然後把奉獻箱的錢往天上一丟，掉在圓圈裡面的就奉獻給上帝，掉在圓圈外面的就是我的私房錢。」

這時猶太拉比說：「我的方法很簡單，直接把信徒奉獻的錢往天上一丟，留在天上的歸上帝，掉在地上的全歸我。」

以上三則是人們編出來的故事，以笑話形式說明猶太人天生擁有經商的頭腦，真的很會賺錢，猶太人很有商業眼光，處處看到商機。

他們認為賺錢是天經地義、最自然不過的事，賺錢能力是評價一個商人

成功與否的重要標準。

世界上最會賺錢的民族

據說全世界公認有三種人是最聰明的民族：一、猶太人，二、中國人，三、印度人。身為中國人，不知道自己真的是「世界上最聰明的種族」？

移民國外的中國人常被外國人稱為：「黃色猶太人」，美國人說：「智慧在中國人的腦袋裡，金錢在猶太人的口袋裡。」

由此可見在外國人的眼中，中國人與猶太人的文化生活、價值觀和行為都很相似。

但我們從影響世界的重要人物的人數比例，和世界最高榮譽的諾貝爾

得獎的人數比較，猶太人獲得十七%的諾貝爾獎，中國人則完全無法相比。

猶太人僅占世界人口〇‧三%，但賺取世界三十%以上財富，全球最有錢的企業家猶太人占一半；美國百萬富翁猶太人占三分之一；《富比士》美國富豪榜前四十名猶太人占十八名。

有人說：「美國控制世界，而控制美國的則是猶太人。」

石油大王洛克菲勒、金融大鱷索羅斯、華爾街的金融鉅子摩根、股神巴菲特皆是站在金字塔尖的猶太傑出代表。賺錢能力，是猶太人評價一個商人成功與否的重要標準。猶太人作為公認最會賺錢的「世界第一商人」則無庸置疑。

兩千多年來歷盡迫害屠殺，猶太人一路流離失守的苦難，讓他們覺悟到

財富最容易證明自己的實力，沒有錢便沒有社會地位。有錢才有尊嚴、才有發言權。

自古以來，猶太小孩從小就被灌輸：

錢不是罪惡，也不是詛咒；
錢是神對人的祝福。

金錢是人生的工具，應該努力去擁有它。
金錢是成功的標緻，是實現人生價值的工具，
沒有錢，連上帝的禮物都沒有。

這些觀念，使猶太人成為世上最會賺錢的民族。

一個人出生以來，賺錢養家是天經地義的事，不要談到錢便臉紅心跳羞

於說出口，賺錢養活自己、讓家人過得更好是人生的義務。

祝福

以上有許多如何成功或賺錢致富的故事，看完之後，或許你只會羨慕和對他們的精神與智慧感到衷心敬佩，知道富豪的觀念和思想跟我們真的很不同，從此甘於當個平凡的普通人。

或許你會從其中一兩個故事得到啟發，點燃心中的黎明，想出創新商機，全力以赴衝刺，賺得人生最大的財富。

祝福各位有朝一日美夢成真，
成為成功致富又快樂的富豪！

蔡志忠作品
賺錢兵法

作者：蔡志忠
責任編輯：湯皓全
校對：呂佳真
美術編輯：集一堂
法律顧問：董安丹律師、顧慕堯律師
出版者：大塊文化出版股份有限公司
台北市105022南京東路四段25號11樓
www.locuspublishing.com
讀者服務專線：0800-006689
TEL：(02) 87123898　FAX：(02) 87123897
郵撥帳號：18955675　戶名：大塊文化出版股份有限公司
版權所有　翻印必究

總經銷：大和書報圖書股份有限公司 / 新北市新莊區五工五路2號
TEL：(02) 89902588 (代表號)　　FAX：(02) 22901658
製版：瑞豐實業股份有限公司
初版一刷：2016年8月
初版七刷：2022年9月
定價：新台幣 200元

Printed in Taiwan

賺錢兵法：成功致富的十個法則 /
蔡志忠著. -- 初版. --
臺北市：大塊文化, 2016.08
面；　公分. -- (蔡志忠作品)

ISBN 978-986-213-723-9(平裝)
1.成功法 2.財富

177.2　　　　105012857